LA PAPAUTÉ MODERNE

CONDAMNÉE

PAR LE PAPE SAINT GRÉGOIRE LE GRAND

EXTRAITS DES OUVRAGES DE SAINT GRÉGOIRE LE GRAND

TRADUITS ET COMMENTÉS

Par l'Abbé GUETTÉE

Auteur de l'*Histoire de l'Église de France*, de l'*Histoire des Jésuites*
et d'autres ouvrages théologiques et historiques.

PARIS

CHEZ DENTU, ÉDITEUR,

Palais-Royal.

1861

LA

PAPAUTÉ MODERNE

CONDAMNÉE

PAR LE PAPE SAINT GRÉGOIRE LE GRAND

LA

PAPAUTÉ MODERNE

CONDAMNÉE

PAR LE PAPE SAINT GRÉGOIRE LE GRAND

EXTRAITS DES OUVRAGES DE SAINT GRÉGOIRE LE GRAND

TRADUITS ET COMMENTÉS

Par l'Abbé GUETTÉE

Auteur de l'*Histoire de l'Église de France*, de l'*Histoire des Jésuites*
et d'autres ouvrages théologiques et historiques.

PARIS

CHEZ DENTU, ÉDITEUR.

Palais-Royal.

1861

INTRODUCTION

Si l'on jette un coup d'œil franc et impartial sur la société catholique, on ne peut s'empêcher d'avouer que le niveau intellectuel ne peut guère y tomber plus bas. On comprend que nous ne voulons pas parler de l'intelligence en général, mais de l'intelligence de la vérité religieuse. Tant d'écrivains, pour des motifs plus ou moins honorables, se sont appliqués à fausser les croyances catholiques, à répandre leurs systèmes, à remplacer la pure et simple vérité chrétienne par leurs théories de circonstance, que l'on rencontre à peine parmi ceux qui s'honorent du titre de catholique, quelques personnes qui aient une notion exacte des principes de leur foi. L'immense majorité n'a qu'une foi de convention, où le divin et l'humain, les dogmes et les opinions, forment un mélange confus, un chaos sur lequel planent les plus épaisses ténèbres. Si encore les *néo-catholiques* avaient la conscience de leur ignorance ! mais non ; ils se croient forts, solides dans la connaissance des vérités de la religion, et sont tous disposés à vous lancer des anathèmes si vous hésitez tant soit peu à partager leurs théories. Cette intolérance, jointe à l'ignorance et à l'entêtement, forme le caractère distinctif du néo-catholique ; formé à l'école ultramontaine, il ne souffre aucune objection. Si vous élevez quelque difficulté touchant ses systèmes, il vous regarde comme un hérétique ; si vous osez faire observer que l'on n'enseignait pas autrefois comme aujourd'hui ; que l'on doit, dans l'Église, s'en tenir à ce qui fut toujours cru depuis les apôtres, il vous signale comme un *novateur* dangereux ; si vous demandez *la raison*, la preuve de ces nouveaux dogmes que nous voyons éclore chaque jour sous l'action de la cour de Rome, on fait de vous un *libre penseur*, assez osé pour ne pas s'en rapporter à la parole du pape. Que cette parole existe ou non, qu'elle soit claire ou obscure, le néo-catholique s'en autorise toujours. Le pape est infaillible ; je suis avec le pape, donc je suis infaillible moi-même. C'est à peu près à ce syllogisme que se réduit toute la logique du néo-catholique. Et malheur à vous si vous n'êtes pas subjugué par un argument aussi concluant ; vous n'êtes alors qu'un révolté ; vous n'êtes plus catholique, et si l'inquisition ressuscitait, on vous livrerait à ses saintes rigueurs pour le salut de votre âme.

Comment faire pénétrer la vérité catholique jusqu'en ces

esprits cuirassés d'ultramontanisme, qui se refusent obstinément et par système à tout éclaircissement ?

Nous ne savons.

Cependant il nous a semblé que s'il existait quelque moyen de les éclairer, ce serait l'enseignement d'un pape reconnu pour un des plus grands et des plus saints qui se soient assis sur le siége de Rome. Nous avons donc recueilli, dans les œuvres de saint Grégoire le Grand, ce qu'il a écrit sur la papauté, sur ses droits et ses prérogatives dans l'Église. Ce grand pape, qui ne mourut qu'au commencement du VIIe siècle, résume parfaitement la tradition catholique de l'Eglise primitive. Sa parole, à ce titre, doit jouir d'une haute autorité ; la science, la sainteté du saint docteur, la position élevée qu'il occupa, l'influence qu'il exerça dans la société chrétienne, tout concourt à donner à sa parole un caractère exceptionnel d'exactitude et de vérité.

Les néo-catholiques ne peuvent la récuser.

Saint Grégoire le Grand fut pape ; si les papes jouissent, par *droit divin*, d'une autorité absolue dans l'Église, il en a joui ; si les papes sont infaillibles, il l'a été ; si c'est un devoir rigoureux d'accepter l'enseignement papal, nous devons accepter son enseignement. Il posséda tous les droits dont les papes modernes peuvent jouir légitimement, en vertu de leur titre, puisqu'il fut pape comme eux : et il a, de plus qu'eux, une auréole de science et de sainteté que nos papes ultramontains n'ont pas encore méritée.

Que les néo-catholiques veuillent bien nous dire s'ils rejettent ou s'ils admettent la doctrine du pape saint Grégoire le Grand sur la papauté. S'ils prétendent que nous l'avons mal exposée, qu'ils le prouvent ; s'ils l'admettent telle que nous l'avons exposée, qu'ils reconnaissent que nos croyances n'ont rien que de très orthodoxe, puisqu'elles sont conformes à cette doctrine ; s'ils la rejettent, qu'ils daignent nous dire pourquoi le pape saint Grégoire le Grand ne mérite pas autant de créance que les papes ultramontains.

La thèse est assez importante pour que les partisans de l'ultramontanisme nous disent ce qu'ils en pensent.

LA

PAPAUTÉ MODERNE

CONDAMNÉE

PAR LE PAPE SAINT GRÉGOIRE LE GRAND

I

Au commencement de son épiscopat, Grégoire adressa une lettre de communion aux patriarches Jean de Constantinople, Euloge d'Alexandrie, Grégoire d'Antioche, Jean de Jérusalem, à Anastase, ancien patriarche d'Antioche, son ami; S'il se fût considéré comme le chef et le souverain de l'Église, s'il eût cru qu'il l'était de *droit divin*, il se fût certainement adressé aux patriarches comme à des subordonnés; on trouverait, dans cette circulaire, quelques traces de sa supériorité. Il en est tout autrement. Il s'y étend longuement sur *les devoirs* de l'épiscopat, et il ne songe même pas à parler des *droits* que lui eût conférés sa dignité. Il y insiste particulièrement sur le devoir, pour l'évêque, de ne point se laisser préoccuper par le soin des choses extérieures, et il finit sa circulaire en faisant sa profession de foi, afin de prouver qu'il était en communion avec les autres patriarches, et, par eux, avec toute l'Église (1). Ce silence de saint Grégoire sur les prétendus *droits* de la papauté est déjà très significatif par lui-même, et les ultramontains auraient de la peine à l'expliquer. Que pourraient-ils donc opposer aux lettres que nous allons traduire, et dans lesquelles saint Grégoire condamne, de la manière la plus expresse, l'idée fondamentale que les ultramontains voudraient nous donner de la papauté, c'est-à-dire le caractère universel de son autorité ?

L'occasion de ces lettres fut l'ambition du patriarche Jean de Constantinople, qui prétendit que sa ville épiscopale étant devenue la capitale de l'empire, il devait être reconnu *universellement* comme le premier évêque de l'Église. A cette fin, il inventa le titre de patriarche *œcuménique* ou *universel*, et se l'attribua. La première idée d'un pouvoir *central* et *universel* dans l'Église est donc venue de Constantinople ; ce fut de Rome que s'éleva la première opposition contre cette prétention ambitieuse, et de la part d'un des plus grands papes qui se soient assis sur la chaire apostolique de Rome.

Saint Grégoire ayant appris que Jean de Constantinople s'attribuait le titre de patriarche *œcuménique* ou *universel*, écrivit plusieurs lettres qui méritent d'être lues et méditées, surtout de nos jours, où l'on cherche à nous imposer, comme étant de *droit divin*, un despotisme papal aussi opposé à la parole de Dieu qu'à la discipline générale de l'Église. Voici celle que Grégoire écrivit à Jean lui-même. Nous la traduisons textuellement :

(1) S. Grég., pap., Epist. 25, lib. I.

II

« Grégoire à Jean, évêque de Constantinople.

» Votre Fraternité se souvient de la paix et de la concorde dont jouissait l'Église lorsqu'elle fut élevée à la dignité sacerdotale. Je ne comprends donc pas comment elle a osé suivre l'inspiration de l'orgueil, et essayé de prendre un titre qui peut occasionner du scandale dans l'esprit de tous les frères. J'en suis d'autant plus étonné, que je me souviens que vous aviez pris la fuite pour éviter l'épiscopat. Pourtant, vous voulez l'exercer aujourd'hui comme si vous aviez couru au-devant, sous l'empire de désirs ambitieux. Vous qui disiez bien haut que vous étiez indigne de l'épiscopat, vous y avez à peine été élevé que, méprisant vos frères, vous avez ambitionné d'avoir seul le titre d'évêque. Pélage, mon prédécesseur de sainte mémoire, avait adressé à Votre Sainteté des observations fort graves à ce sujet. Il a rejeté, à cause du titre orgueilleux et superbe que vous y avez pris, les actes du synode que vous avez assemblé dans la cause de notre frère et coévêque Grégoire, et il défendit de communiquer avec vous, à l'archidiacre que, selon l'usage, il avait envoyé à la cour de l'empereur. Après la mort de Pélage, ayant été élevé, malgré mon indignité, au gouvernement de l'Église (1), j'ai eu soin d'engager Votre Fraternité, non par écrit mais de vive voix, d'abord par mes envoyés (2), et ensuite par l'entremise de notre commun fils le diacre Sabinien, de renoncer à une telle présomption. J'ai défendu à ce dernier de communiquer avec vous si vous refusiez

(1) Selon saint Grégoire, tout évêque prend part au gouvernement de l'Église, l'autorité résidant dans l'épiscopat.

(2) L'évêque de Rome avait des envoyés à la cour de Constantinople depuis que cette ville était la résidence des empereurs.

d'obtempérer à ma demande, afin d'inspirer à Votre Sainteté de la honte de son ambition, avant de procéder par les voies canoniques, si la honte ne vous guérissait pas d'un orgueil aussi profane, aussi coupable. Comme avant de faire l'amputation il faut palper doucement la plaie, je vous prie, je vous supplie, je demande avec le plus de douceur qu'il m'est possible que Votre Fraternité s'oppose à tous les flatteurs qui lui donnent un titre erroné, et qu'elle ne consente pas à s'attribuer un titre aussi sot qu'orgueilleux. En vérité, je pleure, et, du fond du cœur, j'attribue à mes péchés que mon frère n'ait pas voulu revenir à l'humilité, lui qui n'a été établi dans la dignité épiscopale que pour ramener les âmes des autres à l'humilité ; que celui qui enseigne aux autres la vérité n'ait voulu ni l'enseigner à lui-même, ni consentir, malgré mes prières, à ce que je prisse ce soin.

» Réfléchissez donc, je vous en prie, que, par cette présomption téméraire, la paix de l'Église entière est troublée, et que vous êtes ennemi de la *grâce qui a été donnée à tous en commun*. Plus vous croîtrez en cette grâce, plus vous serez humble à vos yeux ; vous serez d'autant plus grand que vous serez éloigné d'usurper ce titre extravagant et orgueilleux. Vous serez d'autant plus riche que vous chercherez moins à dépouiller vos frères à votre profit. Donc, très cher frère, aimez l'humilité de tout votre cœur; c'est elle qui maintient la concorde entre les frères, et *qui conserve l'unité dans la sainte Église universelle.*

» Lorsque l'apôtre Paul entendait certains fidèles dire : *Moi, je suis disciple de Paul, moi d'Apollo, moi de Pierre*, il ne pouvait voir sans horreur déchirer ainsi le corps du Seigneur, en rattacher les membres à plusieurs têtes, et il s'écriait : *Est-ce Paul qui a été crucifié pour vous? ou bien avez-vous été baptisés au nom de Paul?* S'il ne voulait pas que les membres du corps du Seigneur fussent rattachés par parties à d'autres têtes qu'à celle du Christ, quoique ces têtes fussent des apôtres, vous, que direz-vous au Christ, qui est la tête de l'Église universelle, que lui direz-vous au dernier jugement, vous qui, par votre titre d'*universel*, voulez vous soumettre tous ses membres? Qui, dites-le-moi, je vous prie, qui imitez-vous par ce titre pervers, si ce n'est celui qui, méprisant les légions des anges qui étaient ses compagnons, s'efforça de monter au faîte pour n'être soumis à personne et être seul au-dessus des autres; qui dit : *Je monterai dans le ciel; j'élèverai mon trône au-dessus des astres du ciel; je placerai mon siége sur la montagne de l'alliance, dans les flancs de l'Aquilon. Je monterai au-dessus des nuées; je serai semblable au Très-Haut?*

» Que sont vos frères, tous les évêques de l'Église universelle, si ce n'est les astres du ciel! Leur vie et leur enseignement brillent, en effet, à travers les péchés et les erreurs des hommes, comme les astres à travers les ténèbres de la nuit. Lorsque, par un titre ambitieux, vous voulez vous élever au-dessus d'eux, et rabaisser leur titre en le comparant avec le vôtre, que dites-vous, si ce n'est ces paroles : *Je monterai dans le ciel; j'élèverai mon trône au-dessus des astres du ciel?* Tous les évêques ne sont-ils pas les nuées qui versent la pluie de l'enseignement, et qui sont sillonnées par les éclairs de leurs bonnes œuvres? Votre Fraternité, en les méprisant, en s'efforçant de les mettre à ses pieds, que dit-elle, si ce n'est cette parole de l'antique ennemi : *Je monterai au-dessus des nuées?* Pour moi, quand je vois tout cela à travers mes larmes, je crains les jugements secrets de Dieu; mes larmes coulent avec plus d'abondance, mes gémissements débordent de mon cœur, de ce que le seigneur Jean, cet homme si saint, d'une si grande abstinence et humilité, séduit par les flatteries de ses familiers, a pu s'élever jusqu'à un tel degré d'orgueil, que, par le désir d'un titre pervers, il s'efforce d'être semblable à celui qui, en voulant être orgueilleusement semblable à Dieu, perdit la grâce de la ressemblance divine qui lui avait été accordée, et qui perdit la vraie béatitude, parce qu'il ambitionna une fausse gloire. Pierre, le premier des apôtres, et *membre* de l'Église sainte et universelle; Paul, André, Jean, ne sont-ils pas les chefs de certains peuples? et cependant tous sont *membres* sous *un seul chef?* Pour tout dire en un mot, les saints *avant la loi*, les saints *sous la loi*, les saints *sous la grâce*, ne forment-ils pas tous le corps du Seigneur? Ne sont-ils pas membres de l'Église? et il n'en est aucun parmi eux qui ait voulu être appelé *universel.* Que Votre Sainteté reconnaisse donc combien elle s'enfle en elle-même lorsqu'elle revendique un titre qu'aucun n'a eu la présomption de s'attribuer.

» Votre Fraternité le sait, le vénérable concile de Chalcédoine n'a-t-il pas donné honorifiquement le titre d'*universels* aux évêques de ce siége apostolique dont je suis, par la volonté de Dieu, le serviteur? Et cependant aucun n'a voulu permettre qu'on lui donnât ce titre; aucun ne s'attribua ce titre téméraire, de peur qu'en s'attribuant un honneur particulier dans la dignité de l'épiscopat, il ne semblât la refuser à tous les Frères.

» Je sais bien que ce titre a été donné à Votre Sainteté par des familiers qui la flattent et la trompent; c'est pourquoi je demande que Votre Fraternité veille avec soin sur eux et qu'elle ne se laisse pas tromper par leurs flatteries; vous devez les considérer comme des ennemis d'autant plus dangereux qu'ils vous donnent de plus grandes louanges. Chassez de telles gens; et s'ils doivent nécessairement tromper, qu'ils trompent plutôt le cœur des hommes terrestres que ceux des prêtres. *Laissez les morts ensevelir leurs morts;* dites plutôt avec le prophète : *Qu'ils se retirent couverts de honte ceux qui me disent : Bien! bien!* ou encore ces paroles : *L'huile du pécheur ne parfumera pas ma tête.* Le Sage a bien eu raison de donner ce conseil : *Sois en paix avec tout le monde; mais choisis ton conseiller entre mille, car les mauvaises paroles corrompent les bonnes qualités.* Lorsque l'antique ennemi ne peut pénétrer directement dans un cœur robuste, il cherche de petites gens, et, par leur moyen, il y monte; de même que, par le moyen d'une échelle, on escalade une muraille. C'est ainsi qu'il trompa Adam par une femme; c'est ainsi qu'il tua les fils du bienheureux Job, et qu'il lui laissa une faible femme, afin d'arriver par elle jusqu'à un cœur qui avait été jusqu'alors à l'abri de ses atteintes. Chassez donc les familiers qui vous flattent et vous trompent, car leurs douceurs, qu'ils voudraient vous donner comme des preuves d'attachement, ne peuvent que vous attirer la haine éternelle de Dieu.

» Autrefois, l'apôtre Jean s'écriait : *Mes petits enfants, voici la dernière heure.* Cette prédiction de la Vérité se réalise. La peste et l'épée sévissent contre le monde; les nations se lèvent contre les nations; l'univers est ébranlé, la terre s'entr'ouvre pour engloutir ses habitants. Tout ce qui a été prédit arrive. Le roi de l'orgueil est proche, et, ce qui est horrible à dire, les prêtres se disposent à lui former une armée; car ils ne songent qu'à s'élever, ceux qui n'ont été établis que pour conduire les autres à l'humilité. Mais quoique notre langue ne s'oppose pas à l'orgueil, celui-là en tirera vengeance qui s'est élevé par toute sa vie contre ce vice; car il est écrit : *Dieu résiste aux superbes et il donne la grâce aux humbles.* Cet autre oracle a été aussi prononcé : *Celui qui s'enorgueillit dans son cœur est immonde aux yeux de Dieu.* C'est à l'homme superbe qu'il a été dit : *Pourquoi t'enorgueillir, terre et poussière?* C'est pour nous amener à la voie de l'humilité que le Christ nous l'a montrée en sa personne et nous a dit : *Apprenez de moi que je suis doux et humble de cœur.* Pourquoi le Fils unique de Dieu a-t-il pris la forme de notre faiblesse ? Pourquoi l'*Invisible* a-t-il voulu être non-seulement visible, mais méprisé ? pourquoi a-t-il souffert les injures, les outrages, les tourments, si ce n'est pour que l'homme apprît d'un Dieu humble à ne pas être orgueilleux ? Elle est donc très grande, la vertu d'humilité, puisque, pour nous l'enseigner, celui qui, pour sa grandeur, ne peut être comparé à quoi que ce soit, s'est fait petit jusqu'à souffrir la mort ! L'orgueil du démon ayant été l'origine de notre perte, l'humilité de Dieu a été le moyen de notre rédemption. Notre ennemi a voulu s'élever au-dessus des créatures au milieu desquelles il avait été placé. Notre Rédempteur, qui, par sa nature, est plus grand que tout, a voulu être le plus petit parmi les créatures.

» Pourquoi nous disons-nous évêques, nous qui n'avons notre dignité que grâce à l'humilité de notre Rédempteur, et qui cependant imitons l'orgueil de son ennemi ? Nous savons que notre créateur est descendu du sommet de la grandeur pour donner de la gloire au genre humain ; et nous, créatures infimes, nous nous attribuons de la gloire en humiliant des frères ! Dieu s'est abaissé jusqu'à notre poussière ; cette poussière humaine veut s'élever jusqu'au ciel, effleurer à peine la terre, et elle ne rougit pas ! L'homme, qui n'est que souillure, le fils de l'homme, qui est un vermisseau, n'a pas craint de s'élever ! Rappelons-nous, très cher frère, ce qui a été dit par le très sage Salomon : *L'éclair précède le tonnerre ; ainsi le cœur de l'homme s'élèvera avant de tomber.* Puis il ajoute cette autre vérité : *Avant d'arriver à la gloire, il s'humiliera.* Humilions-nous donc dans notre cœur si nous voulons arriver à une grandeur réelle. Que les yeux de notre cœur ne soient point obscurcis par la fumée de l'orgueil : plus la fumée s'élève, plus tôt elle est dissipée. Réfléchissons à ces paroles de notre Rédempteur : *Bienheureux ceux qui sont pauvres en esprit, parce que le royaume des cieux est à eux.* Il ajoute par la bouche du prophète : *Sur qui reposera mon esprit, si ce n'est sur l'homme humble, pacifique, qui vénère mes paroles ?* Le Seigneur, voulant rappeler à l'humilité les cœurs encore faibles de ses disciples, leur dit : *Si quelqu'un veut obtenir la première place parmi vous, il sera le plus petit de tous ;* ce qui nous fait connaître clairement que celui qui est véritablement élevé est celui qui s'humilie dans ses pensées. Craignons donc d'être du nombre de ceux qui cherchent les premières places dans les synagogues, les salutations sur la place publique, et qui aiment à être appelés Maîtres parmi les hommes. En effet, le Seigneur a dit à ses disciples : *Ne vous faites pas appeler Maîtres; car vous n'avez qu'un Maître, et vous êtes tous frères. Ne vous faites pas non plus appeler Pères, car vous n'avez qu'un Père.*

» Que diriez-vous donc, très cher frère, au terrible jugement à venir, vous qui désirez non-seulement être appelé Père, mais *Père universel du monde?* Prenez donc garde aux mauvaises suggestions; fuyez tout conseil de scandale. *Il est nécessaire*, il est vrai, *que les scandales arrivent ; mais pourtant, MALHEUR à celui par qui le scandale arrive !* Par suite de votre titre criminel et plein d'orgueil, l'Église est divisée, et les cœurs de tous les frères sont scandalisés. Avez-vous donc oublié cette parole de la Vérité : *Celui qui aura scandalisé un de ces petits qui croient en moi, il est utile qu'on lui suspende une meule au cou, et qu'il soit plongé au fond de la mer.* Il est écrit : *La charité ne cherche point ce qui ne lui appartient pas*, et voici que Votre Fraternité s'arroge le bien d'autrui Il est encore écrit : *Honorez-vous mutuellement ;* et vous, vous cherchez à enlever l'honneur à tous, en voulant l'usurper illicitement pour vous seul. Qu'avez-vous fait, très cher frère, de cet oracle : *Ayez envers tous cette paix, cette charité sans laquelle personne ne verra Dieu;* et cette autre : *Bienheureux les pacifiques, parce qu'ils seront appelés enfants de Dieu !*

» Vous devez réfléchir mûrement à ce qu'une racine d'amertume, croissant de nouveau dans votre cœur, ne vous arrête pas, et que, par elle, un grand nombre ne soient souillés. Si nous négligeons d'y apporter l'attention nécessaire, les jugements d'en haut veillent sur les prétentions d'un si grand orgueil; et nous, contre qui on pèche par une entreprise aussi coupable, nous suivrons ces préceptes de la Vérité : *Si ton frère a péché contre toi, va, et reprends-le en particulier. S'il t'écoute, tu auras gagné ton frère. S'il ne t'écoute pas, prends avec toi une ou deux personnes, afin que tout se passe entre deux ou trois témoins. S'il ne les écoute pas, dis-le à l'Église. S'il n'écoute pas l'Église, qu'il soit à tes yeux comme un païen et un publicain.*

» C'est pourquoi j'ai cherché, une fois et deux fois, par mes envoyés et par d'humbles paroles, à corriger le péché qui est commis *contre toute l'Église ;* aujourd'hui, j'écris moi-même. Je n'ai rien omis de ce que l'humilité me faisait un devoir de faire. Si je ne recueille de ma correction que du mépris, il ne me restera que la ressource d'en appeler *à l'Église.*

» Que le Dieu tout-puissant vous fasse connaître combien, en vous parlant ainsi, je vous aime d'un amour ardent ; combien en cette occasion je pleure, mais pour vous et non contre vous. Mais lorsqu'il s'agit des préceptes de l'Évangile, des institutions canoniques, de l'avantage des frères, je ne puis préférer une personne, même celle que j'aime ardemment.

» J'ai reçu de Votre Sainteté des lettres très douces et très agréables touchant la cause des prêtres Jean et Athanase ; Dieu aidant, je vous répondrai plus tard ; car, pour aujourd'hui, je suis en de si grandes tribulations, je suis tellement pressé par l'épée des barbares, qu'il ne m'est pas permis, non-seulement de traiter de beaucoup d'affaires, mais même de respirer.

» Donné aux calendes de janvier, indiction XIIIe. »

III

On voit, par cette première lettre du pape saint Grégoire le Grand : 1° que l'autorité ecclésiastique réside *dans l'épiscopat*, et non dans tel évêque, quelque élevé que soit son rang dans la hiérarchie ecclésiastique ; 2° que ce n'était point *sa cause particulière* qu'il défendait contre Jean de Constantinople, *mais celle de toute l'Église ;* 3° qu'il n'avait pas le droit de juger lui-même cette cause, et qu'il devrait en référer *à l'Église;* 4° que le titre d'évêque *universel* est contraire à la parole de Dieu, orgueilleux, criminel, sot et inepte; 5° qu'aucun évêque, malgré l'élévation de son rang dans la hiérarchie ecclésiastique, ne peut prétendre à une autorité universelle sans entreprendre sur les droits de l'épiscopat entier; 6° qu'aucun évêque dans l'Église ne peut se prétendre père de tous les chrétiens sans s'attribuer un titre contraire à l'Évangile, *orgueilleux, sot et criminel.*

Nous prions les néo-catholiques de réfléchir sérieusement à ces vérités exprimées si clairement dans cette première lettre, et qui apparaîtront avec une nouvelle évidence dans celles qui suivront.

Saint Grégoire avait ménagé Jean de Constantinople, tout en lui disant la vérité sur ses prétentions ambitieuses. Le motif de cette réserve avait été le respect qu'il portait à l'empereur Maurice, que Jean avait gagné à sa cause. Jean avait persuadé à Maurice que, la ville de Constantinople ayant remplacé Rome comme capitale de l'empire, le titre de premier évêque de l'Église lui appartenait, puisque les conciles ne l'avaient accordé à celui de Rome qu'à cause de l'importance de son siége, et uniquement parce que cette ville était la première de l'empire romain. C'était d'après cette prétention qu'il avait usurpé le titre d'*œcuménique* ou *universel.* Il avait même engagé Maurice à s'interposer auprès de Grégoire, afin que ce dernier fermât les yeux sur ses prétentions et vécût avec lui en bonne intelligence. Nous trouvons ces détails dans la lettre de saint Grégoire, au diacre Sabinien, qui était alors son agent auprès de l'empereur, et qui fut depuis son successeur sur le siége de Rome. Voici cette lettre (1) :

(1) *Lettres de saint Grégoire*, liv. V; lettre 19e (édit. benéd.)

IV

« Grégoire au diacre Sabinien.

» Je n'ai pas voulu écrire deux lettres touchant la cause de notre frère, très révérend homme, Jean, évêque de Constantinople. J'en ai écrit une assez courte qui contient ce qui aurait fait l'objet de deux, c'est-à-dire la vérité et la douceur. Que Ta Dilection lui remette donc cette lettre que j'ai écrite pour obéir à l'empereur. Par la suite, j'en enverrai une autre qui sera telle que son orgueil n'aura pas sujet de s'en réjouir. Il en est en effet arrivé au point de profiter de l'occasion qui s'est présentée pour lui de nous écrire au sujet des affaires du prêtre Jean, afin de prendre, pour ainsi dire, dans chaque phrase, le titre de *patriarche œcuménique*. J'espère du Dieu tout-puissant que la majesté impériale abattra son hypocrisie. Je m'étonne qu'il ait pu tromper Ta Dilection au point de persuader à l'empereur qu'il devait me transmettre ses écrits touchant cette affaire, écrits dans lesquels il prétend que j'aurais dû conserver la paix avec lui. Si l'empereur veut être juste, il devra l'avertir de renoncer à son titre orgueilleux, et aussitôt la paix sera faite entre nous. Je suis persuadé que vous n'avez pas aperçu la ruse à laquelle notre frère Jean a eu recours en cette circonstance. Il en a agi ainsi afin que, si j'obéissais au seigneur empereur, je parusse approuver sa vanité ; et que si je n'obéissais pas, l'empereur fût irrité contre moi. Mais nous tiendrons ferme dans le droit chemin, ne craignant rien, en cette circonstance, si ce n'est le Dieu Tout-Puissant. Ainsi, que Ta Dilection ne se laisse pas effrayer ; qu'elle méprise, pour la vérité, les choses les plus relevées de ce monde qui sont contraires à la vérité ; qu'elle ait confiance dans la grâce de Dieu Tout-Puissant et dans le secours du bienheureux apôtre Pierre ; qu'elle se rappelle cette parole de la Vérité : *Celui qui est en vous est plus grand que celui qui est dans le monde.* Agissez donc en toutes choses avec une autorité supérieure : car lorsqu'ils ne peuvent pas nous défendre contre le glaive des ennemis ; lorsque, pour l'amour de la république, nous avons perdu notre argent, notre or, nos biens, nos vêtements, il serait par trop ignominieux si, par eux (les Grecs), nous perdions la foi ; car *adhérer à ce titre coupable, ce n'est rien moins que perdre la foi.* C'est pourquoi, comme je le lui ai écrit précédemment, ne conserve pas de relations avec lui. »

Ainsi, selon le pape saint Grégoire le Grand, c'est *perdre la foi* que d'adhérer à un titre que les ultramontains prétendent appartenir au pape de *droit divin*, et qui est la base de toutes les prétentions ambitieuses qu'ils considèrent comme autant de *droits* de la papauté.

En sa qualité de premier évêque de l'Église, saint Grégoire devait prendre l'initiative de l'opposition à ce titre ambitieux ; mais nous avons déjà vu, et nous verrons encore que ce n'était pas *sa cause* qu'il défendait en attaquant Jean de Constantinople, mais celle de l'épiscopat tout entier, celle *de l'Église.*

Jean de Constantinople ayant eu recours à l'empereur pour faire autoriser son titre d'*universel*, saint Grégoire écrivit la lettre suivante à ce prince (1) :

V

« Grégoire à Maurice-Auguste.

» Notre très pieux seigneur établi par Dieu, au milieu de ses autres augustes fonctions, veille avec un soin particulier à conserver la charité sacerdotale, considérant, avec piété

(1) *Lettres de saint Grégoire.* liv. V ; lettre 20e (édit. bénéd.).

et sagesse, que personne ne peut gouverner avec justice les choses de la terre, s'il ne sait pas traiter les choses de Dieu, et que la paix de la république dépend de la paix de l'Église universelle. Quelle puissance humaine, sérénissime seigneur, quelle force temporelle oserait élever les mains contre votre trône très chrétien, si les prêtres, comme c'est leur devoir, s'unissaient pour adresser au Rédempteur, en commun, leurs prières et leurs bonnes œuvres? L'épée des nations féroces immolerait-elle cruellement tant de fidèles si notre vie, à nous qui sommes prêtres de nom, mais qui ne le sommes pas en réalité, n'était viciée par tant d'œuvres mauvaises? En laissant de côté nos devoirs pour nous occuper de ce qui ne nous convient pas, nous unissons nos péchés aux forces des barbares; nos fautes aiguisent l'épée des ennemis, et entravent les forces de la république. Que dirons-nous, nous qui chargeons du poids de nos péchés le peuple de Dieu que nous dirigeons indignement? Nous qui détruisons par nos exemples ce que nous enseignons de bouche? Nous qui enseignons l'iniquité par nos œuvres, et qui ne prêchons la justice que de bouche? Nos os sont brisés par les jeûnes, et notre esprit est gonflé d'orgueil. Notre corps est couvert de pauvres vêtements, et, par son enflure, notre cœur surpasse l'éclat de la pourpre. Nous nous couchons sur la cendre, et nous méprisons les choses les plus élevées. Nous enseignons l'humilité, et nous donnons l'exemple de l'orgueil; nous cachons des dents de loup sous un masque de brebis. Qu'en résulte-t-il? C'est qu'en faisant illusion aux hommes, nous n'en sommes pas moins connus de Dieu. Notre très pieux seigneur agit donc sagement, en cherchant à procurer la paix de l'Église pour arriver à pacifier son empire, en daignant engager les prêtres à la concorde et à l'union. Je la désire ardemment, et, autant qu'il est en moi, j'obéis à ses ordres sérénissimes. Mais comme il ne s'agit pas de ma cause, mais de celle de Dieu; comme ce n'est pas moi seul qui suis troublé, mais que toute l'Église est agitée; comme les canons, les vénérables conciles et les commandements de

Notre-Seigneur Jésus-Chist lui-même sont attaqués par l'invention d'un certain mot pompeux et orgueilleux; que le très pieux seigneur coupe ce mal; et si le malade veut résister, qu'il l'enlace dans les liens de son autorité impériale. En enchaînant de telles choses, vous donnez de la liberté à la république; et par des incisions de ce genre, vous diminuez le mal de votre empire.

» Tous ceux qui ont lu l'Évangile savent que le soin de toute l'Église a été confié par le Seigneur lui-même à saint Pierre, premier de tous les apôtres. En effet, il lui a été dit: *Pierre, m'aimes-tu? Pais mes brebis.* Il lui a été dit encore: *Satan a désiré te cribler comme du blé; mais j'ai prié pour toi, afin que ta foi ne défaille pas; donc, étant converti, affermis tes frères.* Il lui a été dit aussi : *Tu es Pierre, et sur cette pierre je bâtirai mon Église, et les portes de l'enfer ne prévaudront pas contre elle; et je te donnerai les clefs du royaume des cieux; et tout ce que tu lieras sur la terre sera lié dans le ciel; et tout ce que tu délieras sur la terre sera délié dans le ciel.* Il a donc reçu les clefs du royaume céleste; le pouvoir de lier et de délier lui a été donné; on lui a confié le soin de toute l'Église et la primauté, et cependant il ne s'est pas appelé *apôtre universel.* Or, le très saint homme Jean, mon frère dans le sacerdoce, s'efforce de prendre le titre d'*évêque universel.* Je suis obligé de m'écrier et de dire : *O temps! ô mœurs!* »

Nous ne voulons pas laisser passer ces paroles de saint Grégoire sans en faire ressortir toute l'importance. Ce grand docteur entend, comme on le voit, les textes de l'Évangile relatifs à saint Pierre, dans le sens le plus favorable à cet apôtre. Il exalte Pierre comme ayant *la primauté* dans le collége apostolique, comme ayant été chargé par le Seigneur lui-même du soin de toute l'Église. Qu'en conclut-il? Depuis que les papes ont abusé des textes qu'il cite pour s'attribuer dans l'Église une autorité *universelle* et *absolue*, on sait comment ils raisonnent. Ils donnent d'abord aux paroles évangéliques le sens le plus large, le plus absolu, et se les appliquent ensuite en qualité de successeurs de saint Pierre. Saint Grégoire agit tout autrement : il rapproche, des prérogatives de Pierre, son humilité qui l'a empêché de s'attribuer une autorité *universelle ;* il songe même si peu à se donner comme héritier de Pierre, qu'il ne cite l'exemple de cet apôtre que pour confondre l'orgueil de Jean de Constantinople et de tous ceux qui, dans l'Église, voudraient s'attribuer une autorité *universelle.* Il attaque donc, par l'exemple de saint Pierre, l'autorité que les papes se sont attribuée au nom de saint Pierre et comme successeurs de saint Pierre !

Contentons-nous d'avoir fait cette simple remarque, et rendons la parole au saint docteur :

« Voici qu'en Europe tout est livré aux barbares ; les villes sont détruites ; les forts sont renversés ; les provinces sont dépeuplées ; il n'y a plus personne pour cultiver la terre ; les adorateurs des idoles dominent sur les fidèles, les accablent de violences et les menacent ; et les prêtres, qui devraient se coucher sur la cendre, arroser le sol de leurs larmes, aspirent à des titres pleins de vanité, et se glorifient de titres nouveaux et profanes ! Est-ce ma cause, très pieux seigneur, que je défends en cette circonstance ? Est-ce d'une injure particulière que je veux me venger ? Non, il s'agit de la cause de Dieu tout-puissant, de la cause de l'Église universelle.

» Quel est celui-là qui, contrairement aux préceptes de l'Évangile, aux décrets des canons, a la présomption d'usurper un nouveau titre ? Plût au ciel qu'il n'y en ait qu'un seul qui, sans vouloir amoindrir les autres, désirât être *universel !*

» L'Église de Constantinople a fourni des évêques qui sont tombés dans l'abîme de l'hérésie, et qui sont même devenus hérésiarques. C'est de là qu'est sorti Nestorius, qui, pensant qu'il y avait deux personnes en Jésus-Christ, Médiateur entre Dieu et les hommes, parce qu'il ne crut pas que Dieu pouvait se faire homme, descendit ainsi jusqu'à la perfidie des Juifs. C'est de là qu'est sorti Macédonius, qui nia que l'Esprit-Saint fût un Dieu consubstantiel avec le Père et le Fils. Si donc quelqu'un usurpe dans l'Église un titre qui résume en lui tous les fidèles; l'Église *universelle*, ô blasphême! tombera donc avec lui, puisqu'il se fait appeler l'*universel!* Que tous les chrétiens rejettent donc ce titre blasphématoire, ce titre qui enlève l'honneur sacerdotal à tous les prêtres dès qu'il est follement usurpé par un seul.

» C'est une chose certaine que ce titre a été offert au pontife romain par le vénérable concile de Chalcédoine pour honorer le bienheureux Pierre, prince des apôtres. Mais aucun d'eux n'a consenti à se servir de ce titre particulier, de peur que, si l'on donnait quelque chose de particulier à un seul, tous les prêtres fussent privés de l'honneur qui leur est dû. Comment, lorsque nous n'ambitionnons pas la gloire d'un titre qui nous a été offert, un autre a-t-il la présomption de le prendre lorsqu'il ne lui a été offert par personne? »

Ce passage de saint Grégoire est très remarquable. Il affirme d'abord que c'est un concile qui a offert aux évêques de Rome l'honneur d'être appelés *universels;* ce concile en eût-il agi ainsi dans le but d'honorer ces évêques, s'il eût cru que *de droit divin*, ils avaient *une autorité universelle?* Saint Grégoire assure de plus que le concile voulut honorer les évêques de Rome, *par honneur pour saint Pierre*; il ne croyait donc pas que l'*autorité universelle* leur vînt *par succession de cet apôtre*. L'Église de Rome se glorifie avec raison de saint Pierre, parce qu'il l'a illustrée par son martyre. Ce fut donc en souvenir de ce martyre, et *pour honorer* le premier des apôtres que le concile général de Chalcédoine *offrit* aux évêques de Rome un titre *honorifique*. Comment concilier, avec ces faits constatés par le pape saint Grégoire, les prétentions des évêques actuels de Rome qui se croient investis *de droit divin*, non pas seulement du titre d'*évêque universel*, de *Père commun des fidèles*, mais d'une *souveraineté universelle?*

Continuons la lettre de saint Grégoire :

« Celui-là donc doit fléchir sous l'ordre du très pieux

Seigneur, qui refuse obéissance aux préceptes canoniques. On doit réprimer celui qui fait injure à la sainte Église universelle, qui s'enfle dans son cœur, qui veut jouir d'un titre qui le distingue des autres, qui, par ce titre particulier s'élève même au-dessus de votre empire.

» Cette ambition nous scandalise tous. Que l'auteur de ce scandale revienne donc à une vie juste, et toute querelle cessera entre les prêtres. Pour moi, je suis le serviteur de tous les prêtres tant qu'ils mènent une vie digne de leur sacerdoce. Quant à celui qui, par l'enflure d'une vaine gloire, élève sa tête contre le Seigneur tout-puissant, et contre les décrets des Pères, celui-là n'abaissera ma tête devant lui, lors même qu'il aurait recours pour cela au glaive ; je mets ma confiance dans le Seigneur tout-puissant.

» J'ai fait connaître au diacre Sabinien, mon envoyé, les détails de ce qui a été fait à Rome lorsque nous avons appris que l'on usurpait le titre en question. Que la piété de mes Seigneurs ait donc bonne opinion de moi ; je suis à eux, ils m'ont toujours comblé, plus que tous autres, de leurs faveurs ; je désire leur conserver obéissance, et je crains seulement d'être accusé de négligence au dernier et terrible jugement ; que le très pieux seigneur daigne juger lui-même le différend, selon la demande que lui en a faite le diacre Sabinien, et forcer l'homme dont je vous ai tant parlé à renoncer à son ambition. Si, par le très juste jugement de Votre Piété, ou par ses ordres cléments, il y renonce, nous rendrons grâce au Dieu tout-puissant, et nous nous réjouirons de la paix que vous aurez rendue à toute l'Église. Si, au contraire, il persiste dans ses desseins, nous suivrons à ce sujet le sentiment de la Vérité qui a dit : *Quiconque s'élève sera abaissé*. Il a été écrit aussi : *Le cœur s'élève avant de tomber*.

» Obéissant aux ordres de mes Seigneurs, j'ai écrit avec douceur à mon frère dans le sacerdoce, et je l'ai averti humblement de se corriger de ce désir de vaine gloire. S'il veut m'écouter, il a en moi un frère dévoué. Mais s'il persiste dans son orgueil, je vois déjà la route à suivre, car il a dès lors pour adversaire Celui dont il est écrit : *Dieu résiste aux superbes, mais il donne sa grâce aux humbles.* »

VI

Ces lettres de saint Grégoire sont d'irrécusables monuments, qui attestent que l'Église universelle s'émut, dès qu'elle vit poindre dans son sein la première lueur d'un pouvoir *universel* résidant en un seul évêque. L'Église entière comprit qu'une telle autorité ne pouvait s'établir sans que l'épiscopat tout entier fût privé de ses *droits;* en effet, d'après l'institution divine, le gouvernement de l'Église est *conciliaire;* l'autorité ne peut donc résider que dans le corps des pasteurs légitimes, et non dans un pasteur particulier. On ne peut se prononcer pour l'autorité universelle d'un seul sans détruire le principe divin de l'organisation de l'Église.

Cette vérité ressort avec évidence des écrits du pape saint Grégoire le Grand.

Ce pape illustre, après avoir écrit à Jean, patriarche de Constantinople, pour le supplier de ne pas outrager plus longtemps l'épiscopat et l'Église, en s'attribuant le titre d'*œcuménique* ou *universel;* après avoir écrit à l'empereur Maurice pour l'engager à réprimer l'orgueil et l'ambition du patriarche, saint Grégoire, disons nous, s'adressa aux deux autres patriarches de l'Église, ceux d'Alexandrie et d'Antioche. Il leur envoya une lettre commune, que nous allons traduire. Elle prouvera, comme les précédentes, que le pape saint Grégoire le Grand, qui ne mourut qu'au commencement du VIIe siècle, ignorait la papauté telle qu'on veut nous l'imposer aujourd'hui. Voici cette lettre (1) :

(1) *Lettres de saint Grégoire*, liv. V, lettre 43e (édit. bened.

VII

« Grégoire à Euloge, évêque d'Alexandrie, et à Anastase, évêque d'Antioche.

« Lorsque le Prédicateur par excellence disait : « *Tout le* » *temps que je serai l'Apôtre des nations, j'honorerai mon* » *ministère* (1) ; » lorsqu'il disait ailleurs : « *Nous sommes* » *devenus comme des enfants au milieu de vous* (2) ; » il nous donnait, à nous qui sommes venus après lui, l'exemple d'être en même temps humbles en esprit et fidèles à conserver en honneur la dignité de notre Ordre, de manière que notre humilité ne soit pas de la timidité, que notre élévation ne soit pas de l'orgueil.

» Il y a huit ans, lorsque vivait encore notre prédécesseur Pélage, de sainte mémoire, notre confrère et coévêque Jean, prenant occasion d'une autre affaire, assembla un synode dans la ville de Constantinople, et s'efforça de prendre le titre d'*universel;* dès que mon prédécesseur en eut connaissance, il envoya des lettres par lesquelles, en vertu de l'autorité de l'apôtre saint Pierre, il cassa les actes de ce synode. »

Les ultramontains ont étrangement abusé de ce passage en faveur de leur système. S'ils l'avaient comparé aux autres textes de saint Grégoire qui ont trait au même sujet, et à l'ensemble de sa doctrine, ils se seraient convaincus de deux choses : 1° que saint Grégoire n'entendait ici que la primauté accordée à l'évêque de Rome par les conciles, à cause de la dignité de son siége, illustré par le martyre de saint Pierre, *premier* des apôtres ; 2° qu'il ne s'agissait, dans le synode

(1) Epître de saint Paul aux Romains, xi. 13.
(2) Ire Epître de saint Paul aux Thessaloniciens, ii, 7.

de Constantinople, que d'une affaire particulière concernant la discipline, et dans laquelle le prêtre inculpé avait eu recours à Rome, comme il le pouvait d'après les canons du concile de Sardique. L'évêque de Rome, Pélage, était donc juge en dernier ressort dans cette affaire; il l'était en vertu de la primauté *accordée* à son siége; cette primauté avait été accordée à son siége à cause de saint Pierre; le concile de Chalcédoine avait aussi, *pour honorer saint Pierre*, offert aux évêques de Rome le titre d'*universels*, comme nous l'apprend saint Grégoire. Mais il y a loin de là à une *souveraineté de droit divin* appartenant aux papes *par succession de saint Pierre*. Les ultramontains ont vu tout cela dans le texte ci-dessus de saint Grégoire; mais ils ont soigneusement évité, pour atteindre leur but, de citer les autres textes qui determinent le sens de ce dernier, et nous font connaître la vraie doctrine du saint pape.

Les ultramontains ont toujours usé de ce procédé dans leurs citations empruntées, soit aux conciles, soit aux Pères de l'Église.

Continuons la lettre de saint Grégoire :

« J'ai eu soin d'adresser à Votre Sainteté des copies de ces lettres. Quant au diacre qui, selon l'usage, est attaché à la suite des très pieux Empereurs pour les affaires ecclésiastiques, Pélage lui défendit de communiquer, à la messe, avec notre susdit coévêque. Suivant les traces de mon prédécesseur, j'ai écrit à notre coévêque des lettres dont j'ai cru devoir envoyer des copies à Votre Béatitude. Notre principale intention était, dans une affaire qui, à cause de son orgueil, trouble l'Église jusqu'en ses entrailles, de rappeler l'esprit de notre frère à la modestie, afin que, s'il ne voulait rien céder de la rigueur de son orgueil, nous pussions plus facilement, avec le secours de Dieu tout-puissant, traiter des moyens de le réprimer.

» Comme Votre Sainteté, que je vénère d'une manière particulière, le sait, ce titre d'*Universel* a été offert par le saint concile de Chalcédoine à l'évêque du siége apostolique dont je suis le serviteur, par la grâce de Dieu. Mais aucun de mes prédécesseurs n'a voulu se servir *de ce mot profane ;* parce que, en effet, *si un patriarche est appelé Universel, on ôte aux autres le titre de patriarche.* Loin, bien loin de toute âme chrétienne la volonté d'usurper quoi que ce soit qui puisse, tant soit peu, diminuer l'honneur de ses frères ! Lorsque nous, nous refusons un honneur qui nous a été offert, réfléchissez combien il est ignominieux de le voir usurper violemment par un autre. »

Les ultramontains se sont bien gardés d'attirer l'attention sur ce passage, où saint Grégoire se considère comme *un patriarche* égal aux autres *patriarches* ; dans lequel il dit clairement que si un des patriarches se prétend *universel*, les autres, par là même, ne sont plus patriarches. Cette doctrine s'accorde fort bien avec celle de la *primauté* accordée au patriarche de Rome, à cause de saint Pierre et en souvenir *du martyre* que ce *premier des apôtres* souffrit à Rome ; mais peut-elle s'accorder avec une *souveraineté* UNIVERSELLE venant *de droit divin* aux évêques de Rome, par saint Pierre, *leur prétendu* prédécesseur ? Non évidemment. Saint Grégoire continue à exposer une doctrine opposée au système papal actuel.

« C'est pourquoi, dit-il, que Votre Sainteté ne donne à personne, dans ses lettres, le titre d'*Universel*, afin de ne pas se priver de ce qui lui est dû, en offrant à un autre un honneur *qu'elle ne lui doit pas*. En cela ne concevez aucune crainte des Sérénissimes Seigneurs; car l'empereur craint le Dieu Tout-Puissant, et il ne consent point à ce que l'on viole les commandements évangéliques et les très saints canons. Pour moi, quoique je sois séparé de vous par de longs espaces de terre et de mer, je vous suis cependant étroitement uni de cœur. J'ai confiance que tels sont aussi les sentiments de Votre Béatitude à mon égard ; dès que vous m'aimez comme je vous aime, l'espace ne nous sépare plus. Grâces donc à ce grain de sénevé, à cette graine qui en apparence était petite et méprisable et qui, en étendant de toutes parts ses rameaux sortant de la même racine, a formé un asile à tous les oiseaux du ciel! Grâces aussi à ce levain qui, composé avec trois mesures de farine, a formé en unité la masse du genre humain tout entier; grâces encore à cette petite pierre qui, détachée sans efforts de la montagne, a occupé toute la surface de la terre; qui s'est étendue au point de faire, du genre humain amené à l'unité, le corps de l'Église universelle; qui a fait même que la distinction des différentes parties servît à resserrer les liens de l'unité!

» Il suit de là que nous ne sommes pas éloignés de vous, puisque nous sommes *un* en Celui qui est partout. Rendons-lui dont grâces d'avoir détruit les inimitiés au point que, dans son humanité, il n'y eût plus dans tout l'univers qu'un seul troupeau et une seule bergerie sous un seul pasteur qui est lui-même. Souvenons-nous toujours de ces avertissements du Prédicateur de la vérité : *Soyez vigilants à conserver l'unité de l'esprit dans le lien de la paix* (Epît. de saint Paul aux Ephés., IV, 3) : *Cherchez à avoir avec tout le monde la paix et la bonne harmonie, sans laquelle personne ne verra Dieu* (Épît. de saint Paul aux Hébreux, XII, 14). Le même disait à SES DISCIPLES : *Si cela est possible, autant qu'il est en vous, ayez la paix avec tout le monde* (Épît. de saint Paul aux Romains, XII, 18). Il savait que les bons ne pouvaient avoir la paix avec les méchants; c'est pourquoi il dit d'abord, comme vous le savez : *Si cela est possible.* »

Arrêtons-nous un instant sur ce passage de la lettre de saint Grégoire. N'est-il pas remarquable qu'en parlant de l'Église comme d'un *seul* troupeau sous la conduite d'un *seul* pasteur, qui est Jésus-Christ, il dise expressément que Jésus-Christ est le seul pasteur *visible* de l'Église, ou ce qui est la même chose : qu'il en est le pasteur *dans son humanité, dans sa chair*, selon toute la force de l'expression : *in carne suâ?* N'est-ce pas là exclure toute idée de pasteur *universel* remplaçant et représentant Jésus-Christ? N'est-ce pas, par conséquent, détruire d'un seul mot toutes les prétentions de la papauté moderne, et réduire la vraie papauté à une *primauté* établie par l'Église?

Nous remarquons encore que saint Grégoire, en citant l'Épître *aux Romains*, appelle ces *Romains* les *disciples de saint Paul.* Saint Paul n'écrivit son Épître aux chrétiens de Rome que l'an 58 de Jésus-Christ; il n'y avait alors, à Rome, que peu de chrétiens, qui ne formaient pas d'Église proprement dite, et qui se réunissaient chez l'un d'eux, Aquilas. Ils étaient venus à Rome de divers pays évangélisés par saint Paul, c'est pourquoi saint Grégoire les appelle *les disciples* de cet apôtre. Ils lui écrivirent pour le prier de venir les visiter et les instruire. Paul leur répondit par son épître, dans laquelle il leur promet d'évangéliser Rome. Il y alla *deux ans* après. Il y trouva des juifs qui ne connaissaient encore les chrétiens que de nom, qui n'avaient pas encore été, par conséquent, évangélisés par saint Pierre, leur apôtre spécial. Paul forma une Église à Rome, et y mit pour évêque Lin, son disciple, que Tertullien, saint Irénée et Eusèbe comptent comme le *premier* évêque de Rome.

Que devient, devant ces faits, le prétendu épiscopat de saint Pierre à Rome, sur lequel les ultramontains appuient tous leurs systèmes? Saint Pierre n'est évidemment venu à Rome que peu de temps avant d'y souffrir le martyre. Ce fut *à cause du martyre* du *premier* des apôtres, et non à cause de son épiscopat à Rome, que les conciles, comme ceux de Chalcédoine et de Sardique, par exemple, *accordèrent* à l'évêque de Rome des priviléges spéciaux.

Aussi saint Grégoire, dans la lettre que nous traduisons, ne cherche-t il pas à s'attribuer comme étant de succession apostolique par saint Pierre, une autorité qu'il n'avait pas; il fait même remonter, avec raison, son Église à saint Paul et non à saint Pierre. Donc, s'il appelle dans un autre endroit l'autorité de son prédécesseur, *l'autorité de saint Pierre*, il n'entend par là que les droits que les évêques de Rome avaient reçus des conciles, de celui de Sardique, en particulier, *pour l'honneur de saint Pierre*, qui avait i lustré l'Église de Rome par sa mort glorieuse.

Continuons la lettre du saint Pape :

« Mais parce que la paix ne peut exister entre deux partis opposés, dès que les mauvais la fuient, les bons doivent y tenir du fond de leurs entrailles. Aussi saint Paul dit-il admirablement : *Autant qu'il est en vous ;* pour nous faire comprendre qu'elle doit se maintenir en nous, même lorsque les hommes pervers la repoussent de leur cœur. Nous conservons véritablement la paix lorsque nous poursuivons les fautes des orgueilleux sous l'impulsion de la charité et de la justice ; lorsque nous aimons leurs personnes et que nous haïssons leurs vices, car l'homme est l'œuvre de Dieu, mais le vice est l'œuvre de l'homme. Distinguons, par conséquent, ce que Dieu a fait de ce que fait l'homme ; ne haïssons pas l'homme à cause de son erreur, et n'aimons pas l'erreur à cause de l'homme.

» Poursuivons donc, dans l'homme, le mal de son orgueil, en lui restant uni en esprit, afin que cet homme soit délivré de son ennemi, c'est-à-dire de son erreur. Notre Rédempteur Tout-Puissant donnera des forces à notre charité et à notre justice ; il nous donnera l'unité de son esprit, *à nous* qui sommes séparés *de vous* par une grande étendue de terre, car c'est Lui qui a construit son Église comme une *arche*, en lui donnant pour ses quatres côtés les quatre parties du monde ; il l'a faite d'un bois incorruptible ; il l'a enduite du bitume de la charité, de manière qu'elle n'ait rien à craindre ni du côté des vents, ni du côté des flots. Nous devons le prier de tout notre cœur, très chers frères, afin que, *sous le gouvernement de la grâce*, l'eau du dehors ne la trouble pas, et que la droite de la Providence tienne en bon état le fond du vaisseau ; car le Diable, notre ennemi, en sévissant contre les humbles et en tournant autour d'eux, comme un lion rugissant qui cherche à les dévorer, ne se contente pas, comme nous le voyons, de tourner autour, mais il a planté si profondément ses dents dans certains membres *nécessaires* de l'Église que, sans aucun doute (ce qu'à Dieu ne plaise)! le troupeau sera bientôt ravagé si les autres pasteurs ne s'entendent entre eux pour le secourir, sous les auspices du Seigneur. Songez, très chers frères, à ce que fera bientôt celui qui, de prime abord, a soulevé de si détestables projets contre le sacerdoce. Il est près de nous celui dont il a été écrit : *Celui-là est roi sur tous les enfants d'orgueil.* Je ne puis le dire sans être accablé de douleur, notre frère et coévêque Jean cherche à s'élever jusqu'à ce titre, en méprisant les commandements du Seigneur, les préceptes apostoliques et les règlements des Pères.

» Que le Dieu tout-puissant fasse connaître à Votre Béatitude combien je gémis profondément en pensant que celui qui me semblait autrefois le plus modeste des hommes, celui que j'aimais le mieux, qui ne semblait occupé que d'aumônes, de prières, de jeûnes, a tiré sa jactance de cette cendre sur laquelle il était assis, de cette humilité dont il se faisait gloire, au point de chercher à tout s'attribuer, et par l'orgueil d'un titre pompeux, à subjuguer *tous ceux qui sont attachés au chef unique qui est le Christ, c'est-à-dire les membres de ce même Christ.* Il n'est pas étonnant que le Tentateur, qui sait que l'orgueil est le commencement de tout péché, qui s'en est servi tout d'abord contre le premier homme, cherche, par ce vice, à détruire les vertus de certaines personnes, qu'il tende un piége et qu'il mette un obstacle à toute bonne œuvre, dans les vertus mêmes de ceux qui sembleraient avoir échappé à ses mains cruelles.

» C'est pourquoi il faut prier beaucoup; nous devons adresser au Dieu tout-puissant de continuelles prières pour qu'il détourne l'erreur de l'esprit de notre frère, qu'il écarte de l'unité et de l'humilité de son Église ce mal d'orgueil et de trouble. Avec la grâce de Dieu, il faut recourir à toute ses forces pour empêcher que, par le poison contenu dans un seul titre, les membres qui vivent dans le corps du Christ ne soient frappés de mort; car permettre ce titre, c'est détruire la dignité de tous les patriarches; et *s'il arrive que celui qui se dit* **UNIVERSEL** *tombe dans l'erreur, il n'y a plus aucun évêque qui soit resté ferme dans la vérité.*

» Il faut donc que vous conserviez dans leur intégrité les Églises, telles que vous les avez reçues, et que cette tentation d'usurpation diabolique ne trouve chez vous aucun appui. Tenez bon, et soyez tranquilles; ne donnez et ne recevez jamais d'écrits qui porteraient ce faux titre d'*universel;* empêchez tous les évêques qui vous sont soumis de se souiller en adhérant à cet orgueil, et que toute l'Église sache que vous êtes patriarches non-seulement par vos bonnes œuvres, mais encore par une autorité véritable. S'il nous en arrive quelque malheur, nous le supporterons ensemble; et notre devoir sera de montrer, même par notre mort, que nous n'avons rien qui nous soit cher dès qu'il en résulte du dommage pour l'universalité. Disons avec Paul : « *Le Christ est ma vie, et mourir m'est un gain.* » (Epît. aux Philipp. I, 21.) » Écoutons ce que *le premier de tous les pasteurs* a dit : « Si vous souffrez quelque chose pour la justice, vous serez heureux. »

Ces dernières paroles citées par saint Grégoire se trouvent dans l'Évangile de saint Matthieu (V, 10) et y sont prononcées par Jésus-Christ. Elles ont été répétées par saint Pierre, dans sa première Épître (III, 14). On peut donc appliquer soit à Jésus-Christ, soit à saint Pierre, le titre de *premier de tous les pasteurs.* Nous croyons que, par ce titre, saint Grégoire voulait désigner Jésus-Christ lui-même : mais lorsqu'on soutiendrait qu'il entendait saint Pierre, il ne s'ensuivrait rien en faveur des prétentions papales : car, de ce que saint Pierre a été *le premier* des apôtres, on ne peut en conclure que les évêques de Rome soient les souverains de l'Eglise universelle, comme les ultramontains voudraient le faire croire.

Saint Grégoire termine ainsi sa lettre :

« Croyez bien que la dignité que j'ai reçue pour prêcher la vérité, nous l'abandonnerons tranquillement pour cette même vérité, si cela est nécessaire. Priez pour moi, comme il convient à Votre Très Chère Béatitude, afin que mes œuvres soient en rapport avec les paroles que *j'ai osé* vous adresser. »

VIII

Nous demandons si c'est là le langage d'un supérieur à l'égard de ses subordonnés? Saint Grégoire, en sa qualité de *premier évêque* de l'Église, de *premier des patriarches*, prend l'initiative, appelle l'attention des autres patriarches, *ses frères*, sur les usurpations de l'un d'entre eux; *il les prie* de s'unir à lui pour résister à ce qu'il regarde comme un malheur pour l'épiscopat tout entier, même pour l'Église *universelle*. Il ne fait pas la plus légère allusion à l'autorité supérieure qu'il aurait possédée; il n'en appelle qu'aux préceptes divins et aux canons contre une usurpation qu'il qualifie de *diabolique*. Encore une fois, est-ce là le langage d'un chef, d'un monarque *universel?* Non, évidemment. On ne peut lire cette belle lettre de saint Grégoire aux patriarches d'Antioche et d'Alexandrie sans être persuadé que la papauté, telle qu'on la prétend être aujourd'hui de *droit divin*, lui était inconnue; qu'il s'éleva contre les premiers essais de cette papauté, dans la personne de Jean de Constantinople; qu'il considéra ces premiers essais comme l'effet d'un orgueil qui ne pouvait venir que du diable, comme une entreprise capable de bouleverser l'Église, *attentatoire* aux droits du sacerdoce tout entier, *sacrilége*, *impie* et *inepte*.

Si saint Grégoire considérait ainsi les premières tentatives d'une papauté *universelle*, que dirait-il de cette papauté elle-même, avec toutes ses prétentions modernes? Il s'en montrerait, avec raison, le plus grand ennemi, et il verrait en elle la source de tous les maux dont l'Église est accablée depuis des siècles.

Nous avons traduit les lettres par lesquelles le pape saint Grégoire le Grand combattit, par tous les moyens en son pouvoir, la première tentative qui ait été faite dans l'Église pour usurper *un titre qui pouvait faire supposer une autorité universelle.* Quant à cette autorité en elle-même, personne n'y prétendait alors, pas plus le pape saint Grégoire, évêque de Rome, que Jean, évêque de Constantinople.

Il est remarquable que les premières attaques contre la simple apparence de cette autorité dont les papes, depuis les Fausses Décrétales, ont fait une si triste réalité, il est remarquable, disons-nous, que ces premières attaques soient parties de Rome et d'un des papes les plus saints et les plus doctes. On serait bien aveugle si l'on ne voyait pas là une disposition de la Providence qui voulait condamner d'avance et par l'organe d'un grand pape, écho fidèle des doctrines des six premiers siècles de l'Église, les usurpations sacriléges des papes postérieurs, et les pièces mensongères sur lesquelles ils ont prétendu les appuyer.

Il n'est pas moins remarquable que ce soit en Orient que l'on ait cherché à légitimer un titre qui était le premier pas vers l'absolutisme religieux. Jean de Constantinople, qui l'avait fait, persista dans ses ambitieuses prétentions, malgré les lettres de saint Grégoire et grâce à l'appui de l'empereur Maurice. Le patriarche d'Alexandrie ne lui ayant pas répondu, Grégoire lui écrivit pour le prier de lui faire connaître son opinion (1).

Sur ces entrefaites, Jean de Constantinople mourut. Grégoire écrivit aussitôt à Cyriaque, successeur de cet évêque, qui lui avait envoyé une lettre de communion. Il le félicite de sa foi, mais il ajoute, au sujet du titre d'*universel* qu'il avait pris à l'exemple de son prédécesseur :

« Nous aurons véritablement la paix entre nous, lui dit-il (2), si vous renoncez à l'orgueil d'un titre profane, selon

(1) *Lettres de Saint-Grégoire*, liv. VI, lettre 60e (édit. bénéd.).
(2) Liv. VII, lettre 4e.

la parole du Maître des Gentils : *O Timothée ! conserve le dépôt, évitant les profanes nouveautés de paroles.* (Paul, 1re Tim. VI, 20). Il est trop injuste, en effet, que ceux qui sont devenus les prédicateurs de l'humilité se glorifient d'un vain titre d'orgueil ; le Prédicateur de la vérité ayant dit : *Loin de moi de me glorifier en quoi que ce soit, si ce n'est dans la croix de Notre-Seigneur Jésus-Christ* (Saint Paul, Epît. aux Galat. VI, 14), celui-là donc est vraiment glorieux qui se glorifie, non *de la puissance temporelle,* mais *de ce qu'il souffre pour le nom du Christ.* C'est en cela que nous vous embrassons de tout cœur ; c'est en cela que nous vous reconnaissons pour prêtre, si, repoussant la vanité des titres, vous occupez un siége de sainteté avec une sainte humilité.

» Car nous avons été scandalisés à propos d'un titre coupable ; nous en avons gardé rancune, et nous nous sommes prononcé hautement à ce sujet. Mais Votre Fraternité sait que la Vérité a dit : « Si tu apportes ton offrande devant » l'autel, et que tu te souviennes que ton frère a quelque » chose contre toi, laisse là ton offrande et va d'abord te » réconcilier avec ton frère ; puis reviens et fais ton offrande. » (Ev. de St Matth. V, 23-24). Ainsi, bien que toute faute soit effacée par le sacrifice, le mal du scandale dont on est cause est si grand que le Seigneur n'accepte pas de celui qui en est coupable le sacrifice qui d'ordinaire remet la faute. Hâtez-vous donc de purifier votre cœur de ce scandale, afin que le Seigneur puisse avoir pour agréable le sacrifice de votre oblation. »

Grégoire ayant eu occasion d'écrire une seconde lettre à Cyriaque, il y revint sur le même sujet, tant il y attachait d'importance :

« Je ne pourrais, dit-il (1), vous exprimer dans cette lettre combien mon âme est liée à Votre Charité ; mais je prie que le Dieu tout-puissant, par le don de la grâce, augmente encore cette union entre nous, et détruise toute occa-

(1) Liv. VI. lettre 5.

sion de scandale, afin que la sainte Église, unie par la confession de la vraie foi, dont les liens sont resserrés par les sentiments réciproques des fidèles, ne souffre aucun dommage des discussions que les prêtres pourraient avoir entre eux. Quant à moi, malgré tout ce que je dis, et dans l'opposition que je fais à certains actes orgueilleux, je conserve, grâce à Dieu, la charité au fond de mon cœur, et, en soutenant au dehors les droits de la justice, je ne repousse pas intérieurement ceux de l'amour et de l'affection.

» Pour vous, payez mes sentiments de retour, et respectez les droits de la paix et de l'affection, afin que, restant unis en esprit, nous ne laissions exister entre nous aucun sujet de division. Nous pourrons plus facilement obtenir la grâce du Seigneur si nous nous présentons devant lui avec des cœurs unis. »

IX

On doit croire que Cyriaque ne se laissa pas toucher par les tendres exhortations de Grégoire. En effet, le grand pape écrivit quelque temps après au patriarche d'Antioche pour lui reprocher *amicalement* de ne pas attacher assez d'importance à l'usurpation de leur frère de Constantinople. On voit, par cette lettre, que le patriarche d'Antioche craignait de s'attirer la disgrâce de l'empereur s'il se prononçait contre le patriarche de Constantinople. Il écrivit à Grégoire, son ami, une lettre très flatteuse; « mais, lui répondit le saint pape (1), Votre Sainteté, comme je le vois, a voulu que sa lettre fût semblable à l'abeille qui porte du miel et un aiguillon, afin de me rassasier de miel et de me piquer. Mais j'y ai trouvé une occasion de méditer cette parole de Salo-

(1) Liv. VII, lettre 27.

mon : *Les blessures d'un ami sont meilleures que les baisers d'un ennemi hypocrite.* (Proverb. XXVII, 6.)

» Quant à ce que vous me dites au sujet du titre qui m'a scandalisé, que je dois céder, parce que la chose n'a pas d'importance, l'Empereur m'a écrit la même chose. Ce qu'il m'a dit en vertu de son pouvoir, je sais que vous me le dites par attachement. Je ne m'étonne point de trouver dans votre lettre les mêmes expressions que dans celle de l'Empereur, car l'amour et le pouvoir ont entre eux beaucoup de rapports ; tous deux sont au premier rang, et ils parlent toujours avec autorité.

» Lorsque je reçus la lettre synodique de notre frère et co-évêque Cyriaque, je n'ai pas cru devoir différer de lui répondre malgré le titre profane qu'il y prenait, de peur de troubler l'unité de la sainte Église ; j'ai eu soin cependant de lui faire connaître mon avis touchant ce titre *superbe* et *superstitieux ;* je lui ai dit qu'il ne pourrait avoir la paix avec nous s'il ne s'abstenait de prendre ce titre d'orgueil qui n'était qu'*une invention du Premier Apostat.* Vous ne devez pas considérer cette même affaire comme étant sans importance, parce que si nous la tolérons, *nous corrompons la foi de toute l'Église.* Vous savez combien, non-seulement d'hérétiques, mais d'hérésiarques sont sortis de l'Eglise de Constantinople. Pour ne rien dire de l'injure qui est faite à votre dignité, on ne peut disconvenir que si un évêque est appelé *universel*, toute l'*Église s'écroule* si cet *universel* tombe. Mais loin de moi de prêter l'oreille à une telle *folie*, à une telle légèreté ! je mets ma confiance dans le Seigneur tout-puissant qui accomplira cette promesse qu'il a faite : *quiconque s'élève sera abaissé.* » (Ev. Luc, XIV et XVIII, 11.)

On ne pouvait apprécier plus sainement que ne le fait saint Grégoire le Grand les inconvénients graves qui pouvaient résulter pour l'Église d'une autorité centrale qui prétendrait la *résumer* et la *représenter*. L'homme quel qu'il soit, et souvent à cause même de la dignité supérieure dont il est revêtu. est sujet à l'erreur ; *s'il résume l'Église*, l'Église tombe avec lui. Tel est le raisonnement de saint Grégoire. Il a été trop clairvoyant, et nous voyons non l'Église *catholique*, mais l'Église ultramontaine tomber avec le pape qui prétend résumer l'Église entière en sa personne, en être l'infaillible personnification. Le pape a osé mettre au rang des dogmes l'opinion de l'Immaculée-Conception, et nos évêques contemporains, qui devraient être les échos de la foi *permanente* et *universelle*, ont déclaré se soumettre, au nom de leurs Églises, à son jugement *infaillible;* il fait de ses prérogatives illégitimes autant de conditions nécessaires de l'unité de l'Église; et nos évêques *contemporains* adhèrent avec bruit à ces prétentions, encore au nom de leurs Églises. Le pape cherche à élever jusqu'à une question *catholique* celle de son temporel, et nos évêques *contemporains* tombent avec lui dans cette erreur et y entraînent ceux d'entre les catholiques qui font le plus de bruit de leur orthodoxie. Un seul est tombé, et parce qu'il se prétend *universel* et la personnification de l'Église, l'Église ultramontaine qu'il résume est tombée avec lui.

Heureusement que l'Église de Jésus-Christ n'est pas plus celle d'*une époque* que celle d'*un lieu*, et qu'on peut toujours la distinguer au moyen du *critérium catholique*, si nettement formulé par les Pères de l'Eglise. Autrement, il ne faudrait plus croire aux promesses de Jésus-Christ; il faudrait dire d'une *manière absolue* ce que disait saint Grégoire d'une manière relative : *L'universel est tombé, toute l'Église est tombée!*

On disait à la cour de Constantinople que Grégoire ne faisait une si rude guerre au titre d'*universel* que par jalousie contre l'évêque de la nouvelle Rome et pour le rabaisser. L'empereur et Cyriaque lui en écrivirent en ce sens avec tout le respect qu'il méritait; mais Grégoire fit bien comprendre à Cyriaque qu'on l'avait mal jugé. Il lui envoya, ainsi qu'à l'empereur, le diacre Anatolius pour les détromper, et le chargea de lettres pour l'empereur et pour le patriarche. Il dit à ce dernier, après l'avoir remercié de ses paroles flatteuses (1) : « Il faut que ce soit, non pas seulement par des paroles, mais par des actes que vous témoigniez à moi et à tous vos frères l'éclat de votre charité, en vous hâtant de renoncer à un titre d'orgueil qui a été une cause de scandale pour toutes les Églises. Accomplissez cette parole : *Appliquez-vous à conserver l'unité de l'esprit dans le lien de la paix.* (Eph., IV, 3) ; et cette autre : *ne donnez à votre ennemi aucune occasion de médire de vous.* (1er Tim., V., 14.) Votre charité éclatera s'il n'existe pas de division entre nous à propos d'un titre orgueilleux. J'en appelle, du fond de mon âme, à Jésus, que je ne veux causer de scandale à personne, depuis le plus petit jusqu'au plus grand. Je désire que tous soient grands et comblés d'honneur, pourvu que cet honneur n'ôte rien à celui qui est dû au Dieu tout-puissant. En effet, *quiconque veut être honoré contre Dieu n'est point honorable à mes yeux...* En cette affaire, je ne veux nuire à personne, je veux seulement défendre l'humilité qui plaît à Dieu et la concorde de la sainte Eglise. Donc, que les choses qui ont été introduites nouvellement soient abrogées de la même manière qu'elles ont été établies, et nous conserverons entre nous la paix la plus pure dans le Seigneur. Quels bons procédés peuvent exister entre nous, si nos sentiments ne sont qu'en paroles et que nous nous blessions par nos actes? »

Dans la lettre à l'empereur, Grégoire réfute fort bien l'argument que l'on tirait de la frivolité d'un titre honorifique auquel on affectait, à Constantinople, de ne pas attacher une grande importance. « Je prie Votre Piété Impériale, dit-il (2), de bien remarquer qu'il y a des choses frivoles qui sont inoffensives, mais qu'il en est aussi de très nuisibles. Lorsque l'Ante-Christ viendra et qu'il se dira *Dieu*, ce sera une chose parfaitement frivole, mais qui sera très pernicieuse. Si nous ne voulons apercevoir dans ce mot que la

(1) Livre VII, lettre 31.
(2) Liv. VII, lettre 33.

quantité des syllabes, nous n'en trouverons que deux (*De-us*); mais si nous supposons le poids d'iniquité de ce titre, nous le trouverons énorme. Moi, je dis, sans la moindre hésitation, que *quiconque s'appelle l'évêque universel ou désire ce titre*, est, *par son orgueil*, ***LE PRÉCURSEUR DE L'ANTE-CHRIST***, parce qu'il prétend ainsi s'élever au-dessus des autres. L'erreur où il tombe vient d'un orgueil égal à celui de l'Ante-Christ, parce que, comme ce Pervers veut être regardé comme élevé au-dessus des autres hommes comme un Dieu, de même quiconque désire être appelé *seul évêque* s'élève au-dessus des autres. »

X

On enseigne aujourd'hui, au nom de l'Église, et en faveur de l'évêque de Rome, cette doctrine que saint Grégoire flétrissait avec tant d'énergie. C'est ainsi que M. l'abbé Bouix, dans son cours de droit canonique composé à Rome et publié avec approbation de Rome; que M. Parisis, évêque d'Arras, dans un cours de droit canonique qu'il a approuvé pour l'enseignement de ses clercs, et qui est suivi dans plusieurs autres séminaires; que le journal le *Monde*, qui est le journal le plus autorisé du pape et de sa cour; c'est ainsi que cent autres écrivains ultramontains, enseignent à tous propos que le pape a une autorité *universelle*; qu'il est l'*évêque universel;* qu'il est le *seul évêque* à proprement parler; la *source* d'où découle toute dignité ecclésiastique, y compris l'*épiscopat*, qui n'est qu'*indirectement* et *médiatement* de droit divin.

Tel est l'enseignement que l'on voudrait nous donner aujourd'hui comme l'*enseignement catholique*. Nos modernes *novateurs* savent-ils que le pape saint Grégoire le Grand eût regardé une pareille doctrine comme *diabolique*, et qu'il a appelé d'avance *Ante-Christ* ce pape revêtu d'un prétendu épiscopat universel?

Saint Grégoire ne prenait aucune détermination importante sans en donner connaissance aux autres patriarches. Il écrivit donc à ceux d'Alexandrie et d'Antioche pour leur apprendre comment il s'était conduit à l'égard du nouveau patriarche de Constantinople. Euloge, patriarche d'Alexandrie, se laissa persuader et annonça à Grégoire qu'il ne donnait plus à l'évêque de Constantinople le titre d'*universel*; mais, croyant flatter Grégoire, qu'il aimait et qui lui avait rendu service en plusieurs occasions, il lui donna ce titre à lui-même, et écrivit que s'il ne le donnait pas à l'évêque de Constantinople, c'était pour se soumettre *aux ordres* de Grégoire. Celui-ci lui répondit aussitôt, et nous trouvons dans sa lettre le passage suivant qui montrera quelle idée saint Grégoire avait de son autorité comme évêque de Rome : « Votre Béatitude a pris soin de nous dire qu'en écrivant à certains, elle ne leur donnait plus des titres qui n'avaient que l'orgueil pour origine, et elle se sert de ces expressions à mon égard : *comme vous l'avez ordonné*. Je vous en prie, ne me faites jamais entendre ce mot d'*ordre*, car je sais qui je suis et qui vous êtes. *PAR VOTRE PLACE, VOUS ÊTES MES FRÈRES;* par vos vertus, vous êtes mes pères. *Je n'ai donc point ordonné; j'ai pris soin seulement d'indiquer des choses qui m'ont paru utiles.* Je ne trouve pas cependant que Votre Béatitude ait voulu parfaitement retenir ce que précisément je voulais confier à sa mémoire, car j'ai dit que *vous ne me deviez pas plus donner ce titre à moi qu'à d'autres;* et voici que, dans la suscription de votre lettre, vous me donnez, à moi qui les ai proscrits, les titres orgueilleux *d'universel* et *de pape!* Que Votre Douce Sainteté n'en agisse plus ainsi à l'avenir, je l'en prie; car *vous vous ôtez à vous-même ce que vous donnez de trop à un autre. Je ne demande pas à croître en titres, mais en vertus. Je ne regarde pas comme un honneur ce qui fait perdre à mes frères leur propre dignité.* Mon honneur, c'est celui de toute l'Église. Mon honneur, c'est la fermeté inébranlable de mes frères. Je me regarde comme véritablement honoré lorsqu'on ne refuse à qui que ce soit l'honneur qui lui est dû. Si Votre Sainteté me dit *pape universel, elle nie qu'elle soit ce que je serais tout entier*. A Dieu ne plaise qu'il en soit ainsi! loin de nous des mots qui enflent la vanité et qui blessent la charité! Il est vrai que, dans le saint concile de Chalcédoine, et depuis par les Pères qui sont venus ensuite, ce titre a été offert à mes prédécesseurs, comme Votre Sainteté le sait; mais aucun d'eux n'a voulu le prendre, afin qu'en aimant en ce monde la dignité de tous les prêtres, ils conservassent la leur aux yeux du Tout-Puissant. »

Le pape saint Grégoire condamnait donc, même dans la personne des évêques de Rome, le titre de pape *universel;* il reconnaît que le patriarche d'Alexandrie est son égal, qu'il n'a pas d'ordre à lui donner, qu'il n'a pas par conséquent d'autorité sur lui.

Comment concilier cette doctrine orthodoxe du pape saint Grégoire le Grand avec cette doctrine *moderne* qui attribue au pape *une autorité universelle de Droit Divin?* C'est aux ultramontains à répondre à cette question.

Dans la discussion touchant le titre d'*universel*, saint Grégoire s'exprimait ainsi dans une lettre adressée aux patriarches d'Alexandrie et d'Antioche : « J'ai admis à la communication de la messe des envoyés de Cyriaque, parce qu'ils m'en prièrent humblement, et parce que aussi. comme je l'ai écrit au sérénissime empereur, les envoyés de notre frère et coévêque Cyriaque ont dû communiquer avec moi, par la raison que je ne suis point, grâce à Dieu, tombé dans l'erreur de l'orgueil. Mais mon diacre n'a pu communiquer à la messe avec notre frère Cyriaque, par la raison qu'il est tombé et qu'il persiste dans la faute de l'orgueil en prenant un titre profane (1). »

Ainsi, d'après saint Grégoire. les envoyés du patriarche

(1) *Lettres de Saint-Grégoire*, liv. VII; lettre 34e, édit. bénéd.

de Constantinople auraient manqué à leur devoir si, à Rome, ils eussent communiqué avec lui, dans le cas où il aurait pris le titre d'*universel*. Il suit de là que la communication avec l'évêque de Rome n'est pas une condition nécessaire pour appartenir à l'Église; que cet évêque peut être lui-même en dehors de l'Église; qu'il lui suffit, pour être en dehors de l'Église, de prendre le titre d'*universel*.

De là une question fort grave : l'évêque de Rome appartient-il à l'Église si, non content du vain titre d'*universel*, il prétend avoir l'*autorité universelle*, qui est le titre mis en pratique? Celui qui usurpe cette autorité n'usurpe-t-il pas plus que celui qui s'empare simplement d'un mot qui n'en est que le *signe?*

Nous laissons au lecteur le soin de tirer toutes les conséquences qui découlent des principes de saint Grégoire sur ce dernier point, et nous le prierons seulement de remarquer ce grave enseignement du grand pape en ce qui touche à la communion avec l'évêque de Rome. Il est évident qu'à ses yeux on peut appartenir à l'Église sans être en communion avec lui. L'enseignement de saint Grégoire est formel sur ce point.

XI

Anastase le *Jeune*, ou le *Sinaïte*, ayant succédé à Anastase le Grand, sur le siége patriarchal d'Antioche, en 599, envoya à Grégoire, comme aux autres principaux évêques, sa lettre *synodale* ou de communion. Grégoire, dans sa réponse, exposa les conditions nécessaires pour appartenir à l'Église. Voici comment il s'exprime (1) :

« J'ai reçu les lettres de Votre Fraternité, dans lesquelles vous professez la vraie foi; j'ai rendu grâce au Dieu tout-

(1) *Lettres de saint Grégoire*, liv. IX; lettre 49e, édit. bénéd.

puissant, qui, en changeant les pasteurs de son Église, conserve immuable la foi qu'il a donnée pour toujours aux saints Pères. Le prédicateur par excellence a dit : « Personne ne » peut poser d'autre fondement que celui qui a été posé, » c'est-à-dire Jésus-Christ » (1re aux Corinth., III, 11) ; donc, *quiconque garde fermement la foi qui est en Jésus-Christ, avec l'amour de Dieu et du prochain, a posé en soi pour fondement le même Jésus-Christ, fils de Dieu et de l'homme.* Or, il faut espérer que, où le Christ est fondement, l'édifice des bonnes œuvres sera construit dessus. La Vérité a dit elle-même : « Celui qui n'entre pas par la porte dans la bergerie, » mais qui y entre par ailleurs, celui-là est un voleur et un » larron ; mais celui qui entre par la porte est le pasteur des » brebis. » Elle ajoute un peu après : « C'est moi qui suis la » porte. » (Év. de saint Jean, X, 9.) Celui-là donc entre par la porte dans la bergerie, qui y entre par Jésus-Christ. Et celui-là y entre par Jésus-Christ qui pense et enseigne la vérité touchant le Dieu créateur et rédempteur du genre humain, et qui observe ce qu'il prêche. »

Telles sont les conditions auxquelles les pasteurs et les fidèles sont dans l'Église de Jésus-Christ. Saint Grégoire ne parle point de la nécessité d'être uni au siége de Rome.

Dans sa réponse à la lettre de communion d'Isace, évêque de Jérusalem, il enseigne la même doctrine et se sert des mêmes expressions (1). Il y compare, en outre, l'Église à l'arche que Noë construisit avec des bois incorruptibles : « Notre arche, ajoute-t-il, est aussi composée de bois incorruptibles, puisqu'elle est bâtie avec des âmes fortes qui persévèrent dans le bien. » Grégoire se tient toujours ferme dans cette doctrine, et ne fait jamais la plus légère allusion à la nécessité d'être en communion avec l'Église de Rome.

Il ne faut pas, du reste, s'en étonner ; en effet, il ne considérait point le siége de Rome comme le siége unique de saint Pierre ; il reconnaissait expressément que les siéges

(1) *Lettres de saint Grégoire*, liv. XI ; lettre 46e.

d'Alexandrie et d'Antioche étaient, aussi bien que celui de Rome, le siége du premier des apôtres, et que ces trois siéges n'en faisaient qu'un. Citons ses paroles; il écrit ainsi à Euloge, patriarche d'Alexandrie (1) :

« Votre très douce Sainteté m'a beaucoup parlé dans sa lettre de la chaire de saint Pierre, prince des apôtres, disant que cet apôtre y vit encore lui-même dans ses successeurs. Or, je me reconnais indigne non-seulement de l'honneur des chefs, mais d'être compté au nombre des fidèles. Cependant j'ai accueilli volontiers tout ce que vous avez dit, parce que vos paroles touchant la chaire de Pierre venaient *de celui qui occupe cette chaire de Pierre.* Un honneur particulier n'a aucun charme pour moi, mais je me réjouis beaucoup de ce que vous, qui êtes très saints, ne m'attribuez que ce que vous vous donnez à vous-mêmes. Qui ne sait, en effet, que la sainte Église a été affermie sur la solidité du prince des apôtres, dont le nom est le signe de la fermeté de son âme, et qui a pris, de la pierre, son nom de Pierre? que c'est à lui qu'il a été dit par la Vérité : *Je te donnerai les clefs du royaume des cieux... quand tu seras converti, affermis tes frères... Simon, fils de Jean, m'aimes-tu? Pais, mes brebis.* C'est pourquoi, quoiqu'il y ait de nombreux apôtres, le seul siége du *prince* des apôtres a prévalu par sa *principauté,* lequel siége existe en trois lieux; car c'est lui qui a rendu glorieux le siége dans lequel il a daigné se reposer (*quiescere*) et finir la vie présente. C'est lui qui a illustré le siége où il envoya l'évangéliste son disciple. C'est lui qui a affermi le siége dans lequel il s'est assis pendant sept ans, quoiqu'il dût le quitter. Donc, puisqu'il n'y a qu'un siége unique du même apôtre, et que trois évêques sont maintenant assis sur ce siége, par l'autorité divine, tout ce que j'entends dire de bien de vous, je me l'impute à moi-même. »

On doit remarquer que saint Grégoire, en parlant de Rome, dit seulement que saint Pierre s'*y reposa* et qu'il *y mourut;* à

(1) *Lettres de Saint-Grégoire*, liv. VII; lettre 39e (édit. bénéd.).

Alexandrie, il n'envoya que son disciple; mais à Antioche *il siégea* sept ans. Si un évêque a hérité *du siége* de Pierre, dans la rigoureuse acception du mot, ce serait donc, d'après saint Grégoire, celui d'Antioche. Le grand pape n'ignorait pas que saint Pierre n'était venu à Rome que pour y mourir; que l'Église romaine était alors fondée et gouvernée par un évêque; aussi se contente-t-il de dire qu'*il a rendu glorieux* le siége de Rome par le martyre qu'il a souffert, tandis qu'il désigne Antioche comme la vraie chaire épiscopale de Pierre. Nous croyons que saint Pierre ne fut pas plus *évêque* d'Antioche que de Rome, dans la stricte acception du mot; mais il nous suffit de constater l'opinion de saint Grégoire, et cette opinion, quelle qu'elle soit, n'en est pas moins un argument foudroyant contre les prétentions de la cour de Rome.

Écrivant à Anastase le Grand ou l'Ancien, patriarche d'Antioche pour le consoler dans ses souffrances, Grégoire lui disait (1) :

« Voici que Votre Béatitude est accablée de nombreuses tribulations dans sa vieillesse; mais qu'elle songe à ce qui a été dit *de celui dont elle occupe le siége*. N'est-ce pas de lui que la Vérité elle-même a dit : *Lorsque tu seras vieux, un autre te ceindra et te mènera où tu ne voudrais pas?* (Évangile de saint Jean, XXI, 18.)

On sait que ces paroles furent adressées par Jésus-Christ à saint Pierre.

Dans une autre lettre, au même Anastase, saint Grégoire s'exprimait ainsi, après avoir cité des paroles qu'il croyait être de saint Ignace d'Antioche :

« J'ai placé dans ma lettre ces paroles puisées dans vos écrits, afin que Votre Béatitude sache que votre saint Ignace est aussi à nous. Car, de même que *nous avons en commun* le maître, le prince des apôtres, ainsi nous ne devons nous

(1) *Lettres de saint Grégoire*, liv. VIII, lettre 2e (édit. bénéd.).

attribuer exclusivement, ni l'un ni l'autre, le disciple de ce prince des apôtres (1). »

Saint Grégoire écrivait à Euloge, patriarche d'Alexandrie :

« Nous avons reçu avec la même douceur qu'elle nous a été donnée la bénédiction de l'évangéliste saint Marc, ou, pour parler plus exactement, de l'apôtre saint Pierre (2). »

Il écrivait au même, après l'avoir félicité de la réfutation qu'il avait faite des erreurs des monophysites :

« Louange et gloire soient dans les cieux à mon très saint frère, grâce auquel la voix de Marc se fait entendre *sur le siége de Pierre;* dont l'enseignement résonne sur l'Église comme la cymbale dans le tabernacle, lorsqu'il approfondit les mystères, c'est-à-dire lorsque, prêtre du Très-Haut, il entre dans le Saint des Saints (3). »

A-t-on jamais dit aux évêques de Rome quelque chose de plus flatteur que ce que saint Grégoire dit ici à Euloge d'Alexandrie ? Le saint pape ne semble-t-il pas copier les paroles du concile de Chalcédoine : « Pierre a parlé par la bouche de Léon ? » Pourquoi tirer tant de conséquences des paroles des Pères de Chalcédoine, prononcées à la louange de l'évêque de Rome, et n'en tirer aucune des paroles du grand pape adressées au patriarche d'Alexandrie? Il écrivait au même une autre fois (4) :

« Les porteurs de la présente lettre étant venus en Sicile, se sont convertis de l'erreur des monophysites, et se sont unis à la sainte Église universelle. *Voulant se rendre à l'Église du bienheureux Pierre, prince des apôtres*, ils m'ont prié de leur donner des lettres, de recommandation pour Votre Béatitude, afin que vous leur prêtiez secours contre les violences des hérétiques leurs voisins. »

(1) *Lettres de saint Grégoire*, liv. V, lettre 39e (édit. bénéd.).

(2) *Ibid.*, liv. VIII, lettre 39e.

(3) *Ibid.*, liv. X, lettre 35e.

(4) *Ibid.*, liv. XII, lettre 50e.

Dans une autre lettre, où il l'entretenait de la simonie, Grégoire écrivait à Euloge : « Arrachez cette hérésie simoniaque de votre *très saint siége* qui est aussi le nôtre. » Il appelle l'Église d'Alexandrie, *une Église très sainte* (1).

Peut-on, en présence de pareils témoignages, tirer quelque conclusion favorable au siége de Rome, des expressions de *siége apostolique* ou de *saint siége*, employées pour le désigner ? Ces qualifications étaient communes, pendant les huit premiers siècles, à toutes les Églises fondées par les apôtres, et jamais on ne les employait exclusivement pour désigner le siége de Rome.

XII

D'après ce que nous avons exposé sur la doctrine de saint Grégoire touchant *la chaire de saint Pierre*, on comprend sans peine qu'on ne peut pas donner, de bonne foi, un sens absolu à des expressions comme celles-ci : « Mon fils, le seigneur Venantius *est venu vers le bienheureux apôtre Pierre* pour me prier de vous recommander sa cause, etc. (2) » Le soin de toute l'Église a été confié à Pierre, prince des apôtres (3). Il a reçu les clefs du Royaume céleste ; le pouvoir de lier et de délier lui a été donné ; le soin de toute l'Église et le principat lui ont été confiés (4). — Qui ne sait que la sainte Église a été affermie par la solidité du prince des apôtres (5) ?

Ces expressions appartiennent bien à saint Grégoire ; mais doit-on les citer isolément et leur donner un sens absolu ? C'est le procédé que les ultramontains ont appliqué

(1) *Lettres de saint Grégoire*, liv. XIII, lettres 41e, 42e.
(2) *Ibid.*, liv. II, lettre 53e.
(3) *Ibid.*, liv. V, lettre 20e.
(4) *Ibid.*
(5) *Ibid.*, liv. VII, lettre 40e.

non-seulement aux ouvrages du pape saint Grégoire, mais encore à tous ceux des autres Pères de l'Église. Par ce moyen, ils sont parvenus à tromper un grand nombre de fidèles et même un grand nombre de théologiens sincères; ces derniers ne pouvaient soupçonner une si étrange mauvaise foi, dans des écrivains qui exaltent à tout propos leur dévouement à la cause de l'Église et de la vérité, et ils ont cru pouvoir citer d'après eux, sans remonter aux sources.

Nous n'avons pas suivi cet exemple; nous avons consulté saint Grégoire lui-même; nous avons présenté *l'ensemble* de sa doctrine sur la papauté; nous n'avons pas cité quelques lignes, séparées de leur contexte, mais les passages en entier, et nous sommes arrivés à cette conséquence : c'est qu'on ne pouvait attribuer au pape saint Grégoire le Grand le système ultramontain, sans torturer sa pensée, sans lui faire dire ce qu'il n'a pas dit, sans donner à ses paroles un sens forcé, contraire au véritable sens qui était dans l'esprit du vénérable et savant docteur.

Ceux qui ont lu attentivement ce travail, savent ce que saint Grégoire entendait par chaire de saint Pierre, par les titres de *premier* et de *prince des apôtres*, qu'il donne à saint Pierre. Mais afin d'entourer sa pensée de plus vives lumières, nous citerons quelques autres textes décisifs et clairs qui détermineront le sens précis de ces expressions dont les ultramontains font un si condamnable abus.

Saint Grégoire, dans son livre sur *la Règle pastorale*, émet ce principe : que les pasteurs de l'Église ne doivent pas user de leur autorité envers les fidèles irréprochables, mais seulement envers les pécheurs que la douceur n'a pu corriger. Il cite à l'appui de ce principe, l'exemple des apôtres Pierre et Paul : « *Pierre*, dit-il, *le premier pasteur, occupant le principat de la sainte Église, par la volonté de Dieu* (auctore Deo), se montra humble envers les fidèles, mais montra *combien il avait de puissance au-dessus des autres* lorsqu'il punit Ananie et Saphire; il se souvint *qu'il était le plus élevé dans l'Église* (summus) lorsqu'il fallut punir les péchés, et, en tirant vengeance du délit, il exerça *le droit de son pouvoir* (1). »

Au même endroit, il prouve par l'exemple de saint Paul, aussi bien que par celui de saint Pierre, que le pasteur doit être humble envers les fidèles et n'exercer son pouvoir que s'il est obligé de prendre en main la cause de la justice. Ainsi saint Paul se proclama le serviteur des fidèles, le plus petit d'entre eux ; mais, ajoute saint Grégoire : « S'il trouve une faute à corriger, il se souvient qu'il est *Maître* et dit : *Que voulez-vous? je viendrai à vous avec une verge de fer.* — Donc, conclut saint Grégoire, on remplit bien la place la plus élevée *(summus locus)*, lorsque celui qui préside domine plutôt sur les vices que sur les frères. Mais lorsque *ceux qui président* corrigent ceux qui leur sont soumis, il leur reste un devoir, etc., etc. (1). »

On voit que saint Grégoire considère saint Paul aussi bien que saint Pierre et leurs successeurs, comme occupant *la place la plus élevée* dans l'Église, comme *présidant* dans l'Église. S'il dit que saint Pierre occupe le *principat,* il dit aussi que saint Paul est *maître;* il se sert du même mot, *summus*, pour exprimer l'autorité de saint Pierre et celle de saint Paul, et de tous ceux qui ont le droit d'exercer l'autorité dans l'Église. Se serait-il exprimé de cette manière générale si, par le mot de *principat*, il avait voulu désigner une autorité supérieure exclusivement attribuée à saint Pierre? De même que, sous la domination de *chaire de saint Pierre*, il entend le premier degré de l'épiscopat représenté par les patriarches; de même, par le mot *d'autorité supérieure*, il n'entend que celle de l'épiscopat, dont les pasteurs de l'Église ont hérité.

Plus on approfondit les ouvrages des Pères de l'Église, plus on est convaincu de leur accord à considérer l'autorité dans l'Église comme étant *une* et possédée *solidairement* par les premiers pasteurs ou les évêques. Au premier abord, on

(1) Saint Grégoire, *Règle pastorale*, 2e partie, ch. 6.

pourrait croire que le mot de *principat* ou celui de *prince* des apôtres accordé à saint Pierre dérogerait à ce principe. Saint Grégoire a pris soin de nous prémunir contre cette fausse interprétation. Le saint docteur, en attribuant à saint Pierre le *principat* dans l'Église, ne l'a pas plus élevé, en réalité, que saint-Paul. Il va nous le dire lui-même de la manière la plus claire. Nous lisons dans ses Dialogues (1) :

— « Pierre : Comment pourriez-vous me prouver qu'il en est qui ne font pas de miracles et qui cependant ne sont pas inférieurs à ceux qui en font ?

— » Grégoire : Ne sais-tu pas que l'apôtre Paul est le *frère* de Pierre, premier des apôtres, dans *le principat* ?

— » Pierre : Je le sais parfaitement, etc. »

Ainsi Paul a été l'égal ou le frère de Pierre dans le *principat apostolique ;* il fut au même titre que Pierre, *premier* et *prince* des apôtres. Pouvait-on dire plus clairement que, par ces titres, on ne voulait pas exprimer une dignité particulière, personnelle, exclusive?

Dans un autre endroit, saint Grégoire regarde saint Paul comme ayant droit, aussi bien que saint Pierre, au titre de *premier* apôtre. En rapportant, dans ses Dialogues, la mort du prêtre Martin, il raconte que ce saint homme voyait Pierre et Paul qui l'appelaient au ciel : « Je vois, je vois, disait Martin, je vous remercie, je vous remercie. » Comme il répétait souvent ces paroles, ses amis qui étaient autour de lui, lui demandaient à qui il parlait. Il fut étonné de cette demande et dit : « Est-ce que vous ne voyez pas ici les saints apôtres ? N'apercevez-vous pas Pierre et Paul, *les premiers des apôtres* (2) ? »

Ainsi, d'après saint Grégoire, le titre de *premier apôtre* appartenait aussi bien à Paul qu'à Pierre.

Le même docteur ne regardait pas saint Pierre comme infaillible; même après qu'il eut reçu le Saint-Esprit, Voici

(1) Saint Grégoire, *Dialogues,* liv. Ier, ch. 12.

(2) *Ibid.*, liv. IV, ch. 11.

un passage qui le prouve suffisamment : « Il n'y a personne, dit-il, qui vive de telle manière qu'il ne pèche quelquefois. Celui-là donc désire que la vérité soit plus aimée que lui-même, qui ne veut être épargné par personne au détriment de la vérité. *C'est ainsi que Pierre reçut volontiers la correction de Paul* (1). »

On voit par ce passage de saint Grégoire que le Céphas repris par saint Paul était bien saint Pierre. Si saint Pierre était faillible et peccable, à quel titre ses prétendus successeurs veulent-ils être infaillibles? Le pape saint Grégoire a-t-il fait une exception en faveur des évêques de Rome à la règle qu'il a établie?

Saint Pierre était il du moins *chef* de l'Église? Saint Grégoire ne le pensait pas. On a pu en remarquer la preuve dans sa lettre à Jean, patriarche de Constantinople, traduite par nous précédemment. Nous en citerons de nouveau ce court passage : « Certainement Pierre, premier des apôtres *et membre* de l'Église sainte et universelle ; Paul, André, Jean, ne sont-ils pas *les chefs* de certains peuples? et cependant tous sont *membres* sous *un seul chef* (2). »

Il dit d'une manière positive et absolue que le Christ « est *le seul*, l'*unique* chef de l'Église (3). » Il parle de l'Église comme d'un troupeau sous *un seul pasteur* (4). Ces expressions sont absolues, et nous avons vainement cherché dans saint Grégoire *un seul mot* qui pût nous donner à penser qu'il se considérait, en qualité d'évêque de Rome, comme chef visible de l'Église. Nous avons surtout approfondi sa correspondance, où il pouvait mieux qu'ailleurs parler de ses droits, puisqu'il était souvent appelé à les défendre. Nous y avons rencontré des preuves que l'évêque de Rome exerçait certains droits sur des Églises particulières relevant de son patriarcat ; qu'il leur accordait des faveurs,

(1) Saint Grégoire, *Règle pastorale*, 2e partie, ch. 8.

(2) *Lettres de saint Grégoire*, liv. V, lettre 18e.

(3) *Ibid.*, lettre 13e.

(4) *Ibid.*

qu'il exerçait une surveillance utile sur elles par ses envoyés ; mais saint Grégoire ne fait *pas même la plus légère allusion* au titre de chef de l'Église universelle qu'il aurait possédé de *droit divin*, d'après les ultramontains. Jamais il ne donne à penser que saint Pierre ait été évêque de Rome. Il s'exprime même de manière à obliger de croire que, à son avis, il ne l'avait pas été. Nous avons déjà cité des textes positifs. En voici un autre qui vient les confirmer : « Il est certain, dit-il, qu'au temps où les saints apôtres Pierre et Paul souffrirent le martyre, des fidèles vinrent d'Orient pour redemander les corps de ces apôtres, *qui étaient leurs compatriotes*. On conduisit les corps jusqu'au deuxième mille et on les déposa à l'endroit dit *les Catacombes*. Mais lorsqu'on voulut les soulever pour continuer le chemin, le tonnerre et la foudre jetèrent une telle épouvante parmi ceux qui essayaient de le faire, que jamais depuis on n'a osé essayer de les emporter (1). »

Nous n'avons pas à examiner si ce fait est authentique ; mais une vérité qui ressort évidemment de ce récit, c'est que les Orientaux pouvaient revendiquer le corps de saint Pierre, *parce qu'il était de leur pays*, et que les Romains ne songeaient même pas à leur répondre que son corps leur appartenait à meilleur titre, puisqu'il avait été leur évêque.

Du reste, la doctrine entière de saint Grégoire le Grand sur l'Église détruit pièce à pièce toutes les parties du système ultramontain. On peut défier les néo-catholiques de trouver dans les écrits du grand pape un seul mot qui puisse donner idée de cette monarchie universelle, dont le centre serait l'Église de Rome, dont le chef souverain serait l'évêque de cette ville. Cette doctrine est en complète contradiction avec celle de saint Grégoire. L'unité de l'Église ressort, d'après le saint docteur, des rapports réciproques de ses chefs. « Que votre charité, écrivait-il à Anas-

(1) *Lettres de saint Grégoire*, liv. IV, lettre 30e.

tase, archevêque de Corinthe (1), réponde à nos lettres par lesquelles nous lui avons notifié notre ordination, et *nous donne la joie, par sa réponse* (litteris reciprocis), *de savoir que l'Église est unie.* »

Il définit « l'unité de l'Église universelle : l'ensemble (*compago*) du corps du Christ (2) ; » il ne sort pas de cette idée : les Églises particulières sont les membres de l'Église ; chaque Église est gouvernée par ses pasteurs ; l'autorité est la même, de droit divin, dans tous les pasteurs de l'Église ; l'édifice entier est appuyé sur la chaire de Pierre, c'est-à-dire sur les trois patriarcats d'Alexandrie, d'Antioche et de Rome, qui exercent, *de droit ecclésiastique*, une surveillance sur l'Église entière.

Nous demandons s'il est possible de concevoir une doctrine plus opposée que celle du pape saint Grégoire au système ultramontain.

(1) *Lettres de saint Grégoire*, liv. I, lettre 27e.
(2) *Ibid.*, liv. II, lettre 47e.

APPENDICE

La doctrine de saint Grégoire le Grand était conforme à celle des premiers conciles généraux. Voici les décrets de ces conciles touchant la primauté qu'ils *accordèrent* aux évêques de Rome :

Premier Concile œcuménique, assemblé à Nicée en 325.

Sixième Canon. — « *Que l'on conserve les anciens usages* acceptés en Égypte, en Lybie et à Pentapole, d'après lesquels l'évêque d'Alexandrie a l'autorité sur tous les évêques de tous ces pays, *puisque tel est aussi la préogative de l'évêque de Rome.* De même les pérogatives conférées à l'Église d'Antioche et à d'autres *doivent être maintenues.* »

Septième Canon. — « Puisque, suivant *la coutume* et *l'ancienne tradition*, l'évêque d'Élia (Jérusalem) est en possession d'être honoré, il continuera à jouir de cet honneur, sans préjudice de la dignité métropolitaine. »

Deuxième Concile œcuménique, assemblé à Constantinople en 381.

Troisième Canon. — « Que l'évêque de Constantinople *ait la primauté d'honneur* après l'évêque de Rome, *parce que Constantinople est la nouvelle Rome.* »

Ce canon explique clairement que la cause de la primauté d'honneur conférée aux grands siéges ne reposait pas sur le droit divin ou sur cette raison, que ces siéges avaient été fondés par les apôtres, mais simplement et uniquement sur l'importance politique des villes dans lesquelles ils se trouvaient. C'est ainsi que le siége de Constantinople, quoique fondé *nouvellement*, reçut cependant une primauté d'honneur sur les anciens siéges apostoliques, parce que cette ville fut établie pour seconde capitale de l'empire, et surnommée même, par Constantin, la nouvelle Rome. — Des cinq grands siéges patriarcaux, il n'y en avait qu'un seul qui jouît de cet honneur, non pas à cause de son importance politique, mais en mémoire de son importance religieuse, — c'était celui de Jérusalem.

Les conciles œcuméniques suivants confirmèrent et maintinrent constamment ces canons.

Quatrième Concile œcuménique, assemblé à Chalcédoine en 481.

Vingt-huitième Canon. — « Suivant en tout les décrets des saints Pères et reconnaissant le troisième canon du second concile, nous établissons et nous accordons les mêmes priviléges à la très sainte Église de Constantinople, la nouvelle Rome. Car LES PÈRES ONT ACCORDÉ AVEC RAISON, au siége de l'ancienne Rome, les priviléges dont elle jouit, PARCE QU'ELLE ÉTAIT LA VILLE RÉGNANTE. Ils ont jugé que la nouvelle Rome, qui a l'honneur de posséder le siége de l'empire et celui du sénat, doit avoir les mêmes avantages dans l'ordre ecclésiastique et être la seconde après elle. »

Sixième Concile œcuménique, assemblé à Constantinople en 691.

Trente-sixième Canon. — « En renouvelant ce qui a été ordonné par les cent cinquante Pères réunis dans cette ville impériale (deuxième Concile), autant que par les six cent trente Pères réunis à Chalcédoine (quatrième concile), nous décrétons que le siége de Constantinople ait les mêmes prérogatives que le siége de l'ancienne Rome, et que, comme celui-ci, étant le second, il s'élève dans les choses ecclésiastiques; et que viennent après lui, dans l'ordre suivant, le siége de *la grande ville* d'Alexandrie, celui d'Antioche, et enfin celui de Jérusalem. »

Il est évident, d'après ces décrets, que les évêques de Rome n'ont été reconnus comme *premiers* évêques de l'Église que par les conciles; que leur primauté est de *droit ecclésiastique et non de droit divin;* qu'elle leur a été accordée à cause de l'importance politique de leur ville, et non parce qu'ils étaient successeurs de saint Pierre; que leur primauté ne leur donnait aucune autorité universelle; qu'ils ne peuvent avoir d'autorité que celle qui leur est accordée par les conciles généraux représentant l'Église universelle.

Il y a loin de cette papauté *légitime* et *canonique* à la papauté moderne.

Paris. — Imprimerie de Dubuisson et Ce. rue Coq-Héron, 5.

www.ingramcontent.com/pod-product-compliance
Ingram Content Group UK Ltd.
Pitfield, Milton Keynes, MK11 3LW, UK
UKHW022140190726
13855UKWH00003B/1248

9 782012 781306